ブレない心をつくる「般若心経」の悟り

迷い、悩みを一掃する262文字の驚異の力

島田裕巳

詩想社
— 新書 —

はじめに◎『般若心経』がもつ煩悩を一掃する力

『般若心経《はんにゃしんぎょう》』には独特の魅力があり、多くの人の心をつかんできた。葬式のときに僧侶が読経するお経にはあまり興味が向かないが、『般若心経』ならその内容について学んでみたいし、できれば自分でも読めるようになってみたい。そう考える人は少なくない。

しかし、実際に『般若心経』に接してみると、漢文で、ただそれに目を通してみるだけでは意味さえ分からない。もちろん、『般若心経』については無数の解説書が書かれているし、現在では、現代語に翻訳する試みをする作家などもいる。

けれども、どこかそうしたものではぴんと来ない。そうした思いを抱いている人は、案外多いのではないだろうか。

『般若心経』について解説する人たちは、専門の学者であったり、それぞれの宗派で出家得度《とくど》した僧侶であったりする。専門家は、『般若心経』の成立過程を踏まえ、そこでどういったことが語られているのか、仏教思想としてどういった特徴をもっているのかを詳しく解説してくれる。一方で、僧侶の人たちは、自分が属している宗派の教えを基盤に、宗教的な実践とその教えとの関係について、ときには体験を交えて語ってくれる。

本書を書くうえでも、そうしたものを参照している。だが、そうした解説書に当たれば当たるほど、深い森に迷い込んでしまい、下手をするとそこから逃れられなくなってしまう。

『般若心経』の本質は、これまで本当に理解されてきたのだろうか。大胆なことを言えば、そうした気持ちにさえなってくるのである。

解説書が深い森になってしまうのは、専門家は細部にこだわり、全体を俯瞰《ふかん》する目をもたないからである。また、僧侶は、それぞれが属する宗派の信仰に縛られ、やはり俯瞰する目をもちえない。それでは、一般の読者に『般若心経』の本質を伝えることはできないし、そこで語られていることから何を学ぶべきなのか、肝心なことが明らかにならないのである。

『般若心経』の第一の魅力は、そのいさぎよさにある。すべてを空《くう》としてとらえ、いっさいの妥協を許さないことで、それに接する人間は、衝撃を受け、自分がつまらないことにこだわってきたことを感じる。つまり、『般若心経』には、それ自体に煩悩を一掃する力が込められている。今流行りの言い方をすれば、『般若心経』は、パワー・スポットならぬ、「パワー・ブック」なのである。

仏教という宗教は、釈迦の悟りに発している。だが、その後さまざまな発展を見せ、最終的には難解な宗教哲学を生みだし、密教という神秘思想が発達した。それもまた、いかに人を救うか、それを目的としたものではあったが、やはり深い森に人を誘う結果にもなってしまった。

だが、一般の読者が求めるのは、次々とわきあがる日々の悩みや苦しみから解放され、生き生きとした人生を送ることである。本書はまさにそうした一般読者の声に答えることを目的としている。

『般若心経』とは何か。それは何を私たちに伝えようとしているのか。それは、仏教の歴史のなかでどういう意味をもつのか。そして、私たちは『般若心経』に接することで、どう救われていくのか。本書が、『般若心経』について新たな理解に結びつくものとなり、読者の求める声に答えられるならば、それは著者にとって最高の喜びである。

島田裕巳

ブレない心をつくる「般若心経」の悟り◎目次

第1章 日本人が魅せられた「色即是空」の境地

第2章 キーワードで読み解く『般若心経』の教え

第3章 現代語に訳すと見えてくる「悟りの世界」

第4章 ままならない「自分の心」とどう向き合うか

第5章 『般若心経』からたどる仏教の歴史

第6章　『般若心経』を知れば日本仏教がよく分かる

第１章

日本人が魅せられた「色即是空」の境地

『般若心経』は二百六十二文字のとても短いお経

仏教の経典《きょうてん》、「仏典」は膨大な数存在している。仏典を集めたものを『大蔵経《だいぞうきょう》』と言ったり、『一切経《いっさいきょう》』と言ったりするが、その量は半端ではない。今日本で流布《るふ》している『大正新脩大蔵経《たいしょうしんしゅうだいぞうきょう》』になると、全部で百巻にもなる。どの宗教の聖典も、その量が多いのが普通だが、それにしても仏典は並外れている。

だが、数ある仏典のなかでもっとも日本人に好まれてきたのが、この本の対象となる『般若心経《はんにゃしんぎょう》』だ。

『般若心経』は、数ある仏典のなかで、その量が少ないことで有名である。本文はわずか二百六十二文字しかない。全部を書き写しても、一枚の紙におさまってしまう。これほど短い仏典もめずらしい。

あまり短い仏典では功徳《くどく》が得られそうにない。そう考えられても不思議ではない。

むしろ、量の多い仏典のほうが功徳があるような気がする。その代表が、『般若心経』と同じく、「般若経典《はんにゃきょうてん》」のなかに含まれる『大般若経《だいはんにゃきょう》』だ。『大般若経』は六百巻からなっていて、『大正新脩大蔵経』でも三巻分を占めている。あまりに膨大なため、それを一度に全部読経することができず、「転読《てんどく》」ということが行われている。

転読というのは、『大般若経』の各巻を数秒間ずつ広げ、そのあいだに各巻の巻数と題名、あるいは『般若心経』のなかにある「羯諦《ぎゃてい》　羯諦《ぎゃてい》　波羅《はら》羯諦《ぎゃてい》　波羅《はら》僧羯《そうぎゃ》諦《てい》　菩提《ぼじ》薩婆訶《そわか》」の真言《しんごん》を唱えて、それで全体を読経した代わりとしてしまうものである。これで、全体を読んだのと同じ功徳があるとされている。

仏教発祥の国より、日本で愛された『般若心経』

しかし、日本人の多くは、膨大な『大般若経』の転読よりも、短い『般若心経』のほうに強い魅力を感じてきた。『般若心経』には、「般若経典」のエッセンス、さらには仏教の教えそのもののエッセンスが込められているというのが、いわば殺し文句になっている。

日本の仏教宗派のなかには、浄土真宗や日蓮宗のように、『般若心経』の価値を認めないところもある。だが、それはあくまで宗派としての建て前で、そうした宗派の信者たちのなかにも、『般若心経』の文句を覚え、それを唱えられる人も少なくない。その点で、『般若心経』は、日本仏教の中心的な経典になっている。

では、他の仏教国で、日本と同じように『般若心経』が愛されてきたかと言えば、必ずしもそうではない。

仏教はインドに発し、『般若心経』も元はインドで作られたものである。ところが、サンスクリット語の原本はインドには残されていない。なんと、それが残っているのは日本だけなのである。そこにも、日本人と『般若心経』との強い結びつきが示されている。

では、日本人にとっての『般若心経』の魅力はどこにあるのだろうか。

「色即是空」と日本人の世界観

『般若心経』において、中心的に説かれているのは、「空《くう》」や「無《む》」についての教えである。『般若心経』は、空や無の重要性を強調している。なかでも、「色即是空《しきそくぜくう》空即是色《くうそくぜしき》」ということばは、『般若心経』の真髄を示したものとして注目を集め、それこそが仏教の教えの核心を表現したものとして受け取られてきた。『般若心経』と聞いて、「色即是空　空即是色」の箇所を思い浮かべる人も少なくないだろう。すべては空であり、すべては無である。日本人は、『平家物語』の冒頭に出てくる「諸行無常《しょぎょうむじょう》」ということを、自分たちの世界観の中心に据えてきた。

あらゆるものは不変ではない。時間の経過とともに、変化を遂げていく。繁栄を謳歌していた者も衰え、逆に、不幸のどん底にあった者も、何かのきっかけで立ち直っていく。したがって、すべてのことを固定的にとらえてはならない。日本人は、そうした認識にこそ仏教の本質があると考えてきた。

多くの日本人は、自分たちは「無宗教」であると公言する。この無宗教ということばの意味するところは意外なほど複雑である。無宗教は、欧米のキリスト教世界で言われる「無神論」とは異なっている。無神論は神の存在を否定し、神への信仰を基盤とした宗教そのものの価値を否定する。

だが、日本人の無宗教は、決して宗教否定には結びつかない。実際、無宗教だと公言しながらも、ほとんどの人は、生活のなかで宗教とかかわっている。初詣《はつもうで》には神社仏閣に出かけ、さまざまな儀式は神道式や仏教式で営む。葬式はほとんどが仏教式だが、神道式の地鎮祭をしないと、どこか落ち着かない。事故が起こるのではないか。その点では、神の力を信じている。

旅行に出掛ければ、それぞれの地域にある神社や寺院を訪れる。それは、たんなる観光ではない。神社に行けば、拝殿の前でかしわ手を打ち、寺院に行けば、合掌する。無宗教には、一つの宗教にこだわらず、神道も仏教も、ともにそれを信仰の対象とするという意味もある。

日本人にとって「無の宗教」としての仏教

二〇一〇年に、「平城遷都千三百年」が祝われた。千三百年の間に平城京自体は荒廃した。その跡が残されていただけで、一部復興されているものの、往時の全容は復元されていない。

ところが、奈良時代に平城京のなかに建てられた神社や寺院は、その多くが千三百年の時を経て現存し、しかも、生きた信仰を集めている。仏教が、その生誕の地、インドではほぼ消滅し、日本に仏教文化を伝えた中国でも相当に衰えたことを考えれば、それは奇跡的なことだ。

日本人は、古くからの信仰を守り通し、とくに仏教を千三百年以上にわたって愛してきた。信仰は生活のなかに深く浸透し、日本人の考え方の基盤になってきた。無宗教という言い方は、「無の宗教」と言い換えることもできる。日本人は、無の宗教としての仏教を愛してきた。だからこそ、空や無の価値を説く『般若心経』に強い魅力を感じてきたのである。

仏教の本来の目的は、悟りを開くことにおかれている。だからこそ、仏教がめざす精神的な境地は「解脱《げだつ》」や「往生《おうじょう》」、「涅槃《ねはん》」などと表現されてきた。どれも、仏教の開祖である釈迦が体験した悟りに近づくことを意味する。

ただ、日本の仏教では、往生や涅槃ということが人間の死ということと強く結びつけられてきた。そこには、平安時代から鎌倉時代にかけて大いに流行した浄土《じょうど》教《きょう》信仰の影響がある。往生や涅槃は、悟りを得ることを意味するだけではなく、同時に死を意味している。死んで涅槃に入り、極楽浄土に往生することが仏教信仰の目的であると考えられてきたのだ。

こうした日本仏教特有のとらえ方が、今日の「葬式仏教」の基盤になっている。葬式仏教という言い方には、仏教の僧侶が葬式をあげることで経済的な利益を得ているとして、そうした現状への批判が込められている。

だが、仏教が庶民層にまで浸透していくうえでは、葬式仏教としての性格を強めていったことが大きく影響した。仏教が、死後における安心立命を与えてくれる宗教へと変貌したことで、民衆はそれを受け入れたのである。

死を受け入れるためのヒントとしての『般若心経』

死は避けることはできない。誰もが死を免れることはできない。死は不可避で、私たちは死に向かって生きている。その否定しようのない事実が、仏教と死とを結びつけたとも言える。

ただ、死が避けられないものであるにもかかわらず、なかには不老不死を願う人々もいる。中国の道教《どうきょう》では、不老不死の実現がめざされ、そのための技法がさまざまに開発された。もちろん、現実に死を免れることなどできないが、そうしたことを達成した人間についての物語が神話として受け継がれていった。権力者は、自分でも不老不死を実現しようとして道教の信仰に頼った。

日本には中国から道教も伝えられたが、不老不死の実現ということにはそれほど関心は向けられなかった。むしろ、死は避けられないという認識を強くもってきた。だからこそ、「諸行無常」ということばに引かれ、『般若心経』の説く空や無に魅力を感じてきた。

死が避けられないのであれば、それを回避しようとして無駄な努力をするよりも、それを受け入れ、そのうえでどのように振る舞うかを考えたほうがいい。日本人はそのように死をとらえ、死に立ち向かうヒントを得ようとして、『般若心経』の教えを学ぼうとしてきたのである。

日本人が、あらゆるものを無常としてとらえてきた背景には、「季節感」というものが影響していた。日本には明確な四季があり、季節の移ろいがおのずと意識される。日本ほど四季の区別が明確な国はないとも言われる。季節が移ろいやすいものであるように、人間の生も移ろいやすい。

そうした四季の移ろいのなかで、それを意識してきた日本人は、ある状態がずっと継続されるとは考えない。春、桜が咲き誇っているときには、その美しさが永遠に続くかと思えてくるが、それは錯覚で、すぐに花は散っていく。その桜と同じように、あらゆるものが栄枯盛衰を経験せざるを得ない。

すべては空であり、すべては無である。『般若心経』は、その点を明確に説いている。それ以上の真実はない。日本人は、『般若心経』の説く教えに究極の真理を見いだしてきたのである。

日本人が引きつけられた空や無は虚無思想ではない

空や無が強調されると、それは、すべては虚《むな》しいとする「虚無思想《きょむしそう》」なのではないかという受け取られ方をする。実際、近代がはじまる時点で、西欧の人々が仏教の存在を知り、その教えについて認識するようになると、仏教は恐ろしい虚無思想を説く宗教として警戒されたこともあった。

たしかに、すべてが無常で、死に向かっていくのであれば、生きていくことは虚しく、意味のないことに思えてくる。いかなることを達成しても、それが空で無なら、それを追求することは時間の無駄、エネルギーの無駄になってしまう。

たしかに、「色即是空《しきそくぜくう》」で終わっていたとするなら、それは虚無思想に通じていく。あらゆるものがすなわちそのまま空であるのなら、すべては虚しい。

だが、「色即是空《しきそくぜくう》」では終わらない。その後に「空即是色《くうそくぜしき》」と続く。空であるものからさまざまなもの、多様な現象が生み出されていく。空であるからこそ、この世界は、豊かに輝き出す。その認識がある以上、『般若心経』は虚無思想に陥ることはない。むしろ、生きることを積極的に肯定する考え方を含み込んでいる。

『般若心経』が、たんに生きることの虚しさを説くものであるとしたら、日本人がこれほどそれに魅力を感じることはなかったであろう。そこに、楽天的な考え方が示されているからこそ、私たちは『般若心経』に強く引かれてきたのだ。

日本人が仏教に求めているものがここにある

西洋の宗教は、ユダヤ教にしても、キリスト教にしても、そしてイスラム教にしても、皆一神教であり、唯一絶対の創造神を信仰の対象としている。その点でも、仏教とは性格が大きく異なるが、もう一つ、重要な違いがある。

一神教では、唯一の神以外の神々を信仰の対象とすることが禁じられると同時に、偶像崇拝《ぐうぞうすうはい》が禁止される。キリスト教では、キリスト像やマリア像が作られ、その禁止が緩和されている部分もあるが、ユダヤ教やイスラム教では、偶像崇拝の禁止は徹底されてきた。

それに対して仏教では、偶像崇拝はまったく禁止されない。神道の場合には、基本的に神の姿を形にして表現することはなく、その点で、一神教と似ているが、仏教の世界では、「仏像」という偶像がさかんに作られ、信仰の対象となってきた。

一神教が偶像崇拝を禁止してきたのは、偶像が制作され、それが信仰の対象となると、御利益信仰がはびこってしまうからである。一神教は、そうした宗教のあり方を批判するところから生まれてきた。純粋に精神性を追求するなら、偶像崇拝に陥ってはならないというわけである。

たしかに仏教でも、御利益信仰は見られる。仏像を拝み、それをなでたりすることで、御利益を得ようとする試みはくり返されてきた。

しかし、仏像を制作し、それを拝むという行為が、精神性を抜きにした完全な御利益信仰に陥ってしまったわけではない。むしろ、優れた仏像には、高度な精神性が備わっている。私たちは、仏像と相対することで、自分のこころのあり方を知り、煩悩《ぼんのう》から脱して、高い精神性を実現していく必要のあることを認識する。

その意味で、仏教は、偶像崇拝の宗教でありながら、その枠を脱している。だからこそ、仏教の世界においては、偶像崇拝は禁止されてこなかった。仏像は、決してたんなる偶像ではない。それは、私たちを日常を超えた世界へと導いてくれる重要な存在なのである。

そうした私たちと仏像とのかかわりの背景には、『般若心経』の示す世界観が影響を与えている。『般若心経』は、「色即是空《しきそくぜくう》　空即是色《くうそくぜしき》」という認識を示すことで、世界を融通無碍《ゆうずうむげ》にとらえる視点を提供している。そこには、一つの固定した見方にとらわれない自由さがあり、世俗的なもののなかに精神性を見いだしていく可能性が示されている。

宗教に問題があるとすれば、それは、その宗教を信仰する人間の物の見方を画一化し、ある定まった方向からしか世界をとらえることができないようにしてしまうという点である。そこからは偏狭な見方しか生まれない。

私たちが宗教に求めるのは、むしろ自由さである。いかに私たちが日々生活するなかで生み出されてくる無数の「煩悩」から解き放たれることができるのか。その機会を与えてくれることを、私たちは宗教に期待してきた。日本人が求める宗教は、そうした自由さをもち、私たちをあらゆるものの束縛から解放してくれるものでなければならないのだ。

その期待に、『般若心経』という短い経典は応えてくれている。『般若心経』にこそ、私たちが求める仏教が示されている。その点で、『般若心経』について学ぶことは、私たちが求める仏教について知ることに通じていくのだ。

込められた釈迦の悟りのエッセンス

仏教は、釈迦《しゃか》の悟りからはじまる。

釈迦は、現在のネパールのルンビニにおいて、王族の男子として生まれたとされる。その生涯がいかなるものであったのか、それを伝える歴史的な史料は存在しない。「仏伝《ぶつでん》」と呼ばれる神話的な伝記に従うならば、結婚して子どもまでもうけた釈迦は、世俗の生活を送り続けることに虚しさを感じ、生老病死《しょうろうびょうし》の苦しみから解放されることをめざして、「出家《しゅっけ》」したとされている。

釈迦は、師について苦しい修行にも励んだ。けれども、いくら厳しい苦行を実践しても悟りに達することはできないと考えるようになり、苦行を中止して、後にブッダガヤと呼ばれる場所にあった菩提樹の下で瞑想に入る。そのなかで「解脱《げだつ》」を果たした。これによって、釈迦は目覚めた者という意味で「仏陀《ぶっだ》」と呼ばれるようになる。

釈迦の生涯（各種の仏伝による）

誕生	・紀元前 463 年から 383 年頃、現在のネパールのルンビニーで、カピラヴァストゥ国のサーキャ族の王子として誕生したといわれている。 ・アシタ仙に、いずれは仏陀、または転輪聖王となることを予言される。 ・誕生した 7 日後に母・マーヤーが死ぬ。 ・マハーパージャーパディが養母となる。
幼少	・宮殿の中で、何一つ不自由のない生活を送る。 ・7～8 歳頃から学問や武芸を習い、そのすべてにおいて、並外れた才能をしめした。
青年	・16 歳のとき、ヤソーダラーと結婚し、息子のラーフラが生まれる。 ・生まれてきた者はすべてが老い、病み、やがては死ぬということを、自分のこととして思い悩む。 ・出家修行者と出会い、その生活こそ生・老・病・死の苦悩を克服するために必要な、自分の求めている理想の姿だと確信する。
出家	・29 歳のとき、美しいはずの侍女のあられもない寝姿を見て出家を決心し、妻子に別れを告げた。 ・マガダ国に行き、アーラーラ仙、ウッダカ仙の教えをまたたく間に体得し、「この教えは悟りへの道ではない」として、彼らのもとを離れて、独力での修行を決意する。 ・ネーランジャラー川のほとりにあるセーナ村で過酷な苦行生活に入る。その生活は 6 年間続いたのだが、悟りに達することはできないと考えるようになり、苦行を中止し、スジャータから乳粥を受けた。
悟りを開く	・菩提樹の下で悟りを開き、ブッダとなる。このとき 35 歳であった。 ・当時、悟りは言葉で伝えがたいとされており、説法をためらった。 ・梵天などに 3 度うながされ、伝道することを決意した。
仏教布教の旅を続ける	・サールナートで初めての説法（初転法輪）を行なった。 ・マガダ国のウルヴェーラでカッサパ 3 兄弟と出会い、彼らとその弟子を教化。弟子が 1000 人以上にふくれ上がった。 ・カピラヴァァットゥに帰郷し、多くのサーキャ族が出家した。 ・実子・ラーフラは少年時代に出家し、修行の後、悟りを得て、ブッダの十大弟子の一人「密行第一」と称えられるようになった。
入滅	・80 歳のとき、長年従者として仕えたアーナンダをともなって最後の旅に出た。 ・激しい腹痛に見舞われたものの、最後の教えとなる「自燈明・法燈明」を説いた。 ・チュンダの家で料理を食べた後、体調が悪化する。 ・クシナガラの沙羅双樹の下で、静かに 80 年の生涯を終えた。

釈迦は最初、自分の悟りの内容はあまりに難解であり、他の人間に説いても無駄だと考えたが、梵天《ぼんてん》（バラモン教のブラフマー神に発し、後に仏教の守護神となる）と帝釈天《たいしゃくてん》（バラモン教のインドラ神に発し、やはり後に仏教の守護神となる）に説得され、人々に教えを説くようになる。

大量に存在する仏典は、基本的に、そうした釈迦の悟りの内容を伝えるものである。釈迦は、すべての事柄が固定的なものではなく、絶えず流転していき、本質的に空であり、無であると認識するようになったとされる。その点で、『般若心経』には釈迦の悟りのエッセンスが示されていると言えるのだ。

声に出すことで見えてくる「色即是空　空即是色」の世界観

『般若心経』のなかで、一番よく知られているのは、「色即是空《しきそくぜくう》、空即是色《くうそくぜしき》」の箇所で、その部分は『般若心経』の代名詞になっている。ここで言う色とは、この世に存在するあらゆる現象や出来事を意味する。それは実体をもたない空であり、空であるからこそ多様の表れ方をするというのが、この箇所の意味である。

「色即是空《しきそくぜくう》、空即是色《くうそくぜしき》」は、中国の漢詩の世界で発達した対句的な表現を使うことで、仏教の本質的な教えを伝えてくれている。対句的な表現は、私たちにとってとても覚えやすい。世界の本質が空にあることを長々しく説明されたとしても、私たちはそれを的確に理解することができない。

ところが、短いことばで言われると、すぐに頭に入ってくる。また、くり返しそれを唱えることで、その意味がしだいに深く理解されてくるような気がする。

そもそも仏典は、黙読してその意味を理解するものではない。声に出して唱えることで、はじめてその意味が明らかになってくるものである。

長い経典では、一般の庶民が読むことは難しい。ところが、わずか二百六十二文字の『般若心経』なら、誰もが唱えることができる。

そこに、『般若心経』が今日にまで伝えられ、広く信仰を集めてきた秘密がある。この短い経典には、仏教の広大な世界がそのまま映し出されているのである。

写経によって今日まで伝えられる『般若心経』の教え

写経《しゃきょう》がブームの様相を呈している。

写経という方法は、印刷技術の発達していない時代には、経典を学ぶための前段階として不可欠なものであった。ただし、そうした実用的な目的だけではなく、同時に写経による功徳ということも説かれてきた。『法華経《ほけきょう》』の法師功徳品《ほっしくどくほん》には、そうした写経による功徳について述べられている。それは他の経典でも共通する。

写経によって功徳を得ることをめざした大規模な試みとしては、「平家納経《へいけのうきょう》」があげられる。平家の一門は、その繁栄を願って、『法華経』などを美しい料紙に金や銀の文字を使って書き写し、それを一門の崇敬対象となっていた安芸の厳島神社に奉納した。

現代では、近代化のなかで荒廃し、一時は廃寺同然になっていた奈良の薬師寺を復興するために、「写経勧進《しゃきょうかんじん》」の事業が推し進められた。

その薬師寺でも、写経の対象となったのは『般若心経』である。『般若心経』なら、わずか二百六十二文字で、全部を書き写しても一枚の紙におさまる。そのコンパクトさは、写経を行う際には魅力で、写経と言えば『般若心経』の写経をさすことが多い。

しかも、『般若心経』には、仏教の教えの本質が短いことばで記されている。経典を写していけば、おのずとそこに何が書かれているかに興味がわく。『般若心経』の写経は、仏教の教えを今日に伝えるうえで重要な役割を果たしてきた。

『般若心経』を認めている宗派と、認めていない宗派がある

仏教の流れは大きく分けて、「部派仏教《ぶはぶっきょう》」と「大乗仏教《だいじょうぶっきょう》」に区別される。部派仏教は、「原始仏教」や「根本仏教」とも言われ、釈迦の直接の教えに発する初期の仏教のことをさす。ただし、高度な哲学的な思索を展開し、体系化が進んだ大乗仏教の立場からは、自己の悟りだけをめざす「小乗《しょうじょう》」として貶《おとし》められてきた。

部派仏教は、現在、タイやスリランカといった東南アジアに伝えられ、一方で大乗仏教は中国、チベット、朝鮮半島、そして日本に伝えられた。

部派仏教では、出家した僧侶が修行を続け、在家《ざいけ》は僧侶に布施《ふせ》することで功徳を得ようとする。それに対して、大乗仏教では、他者の救済が重視され、その分、世俗の世界とのかかわりが深くなった。そのことは、大乗仏教がダイナミックに展開していく要因となり、密教が発展を見せたり、日本でのように在家仏教の傾向を強めたりもした。

大乗仏教の教えを説いたものが「大乗仏典《ぶってん》」で、『般若経』を皮切りに、『維摩経《ゆいまきょう》』、『法華経《ほけきょう》』、『華厳経《けごんきょう》』、『無量寿経《むりょうじゅきょう》』、『勝鬘経《しょうまんぎょう》』、『涅槃経《ねはんぎょう》』、そして密教の『大日経《だいにちきょう》』や『金剛頂経《こんごうちょうきょう》』などが編纂《へんさん》されていった。

こうした経典はすべて「如是我聞《にょぜがもん》」ではじまり、それを記録した弟子が釈迦の教えをどのように聞いたかを示したものとされている。ただし、経典によって説かれる内容はまったく異なっている。大乗仏典には、釈迦が直接説いた教えは含まれないばかりか、その内容は初期の仏教の教えとは相当に隔たっている。

宗派によって、どの経典に説かれた教えを採用するかは異なっており、研鑽《けんさん》や読《どく》誦《じゅ》の対象とする経文も違っている。『般若心経』についても、その価値を認める宗派もあれば、認めない宗派もある。日本の宗派では、天台宗、真言宗、曹洞宗、臨済宗などでは認めるが、浄土宗、浄土真宗、日蓮宗では、原則として『般若心経』を読むことはない。

あまたの経典のなかで『般若心経』の位置づけ

『般若心経』は、膨大な『般若経《はんにゃきょう》』の経典に示された教えを、わずか二百六十二文字にダイジェストしたものだと言われる。

『般若経』は、正式には『摩訶般若波羅蜜経《まかはんにゃはらみっきょう》』のことを言い、数ある大乗経典のなかで最初に大乗の立場を宣言した経典である。

『般若経』は、およそ二世紀頃から六百年あるいは一千年かけて徐々に編纂されたもので、多くの経典の集成としての意味をもっている。

最初に作られたものが『八千頌般若経《はっせんじゅはんにゃきょう》』と呼ばれるもので、漢訳では『小品《しょうぼん》般若経』に相当する。玄奘三蔵《げんじょうさんぞう》が訳した『大般若経』になると、六百巻にも及んでいる。ほかに『放光《ほうこう》般若経（大品《だいぼん》般若経）』、『光讃《こうさん》般若経』、『金剛《こんごう》般若経』などがある。

仏教では、「布施（財物などを施し与えること）」、「持戒《じかい》（戒律を守ること）」、「忍辱《にんにく》（苦難を堪え忍ぶこと）」、「精進（たえず努力すること）」、「禅定《ぜんじょう》（瞑想によって精神を統一すること）」、「智慧《ちえ》（真理を見極めること）」の六つが「六波羅蜜《ろくはらみつ》」と呼ばれ、基本的に必要な実践とされている。そうした実践を完成したところに生まれる究極的な智慧こそが般若波羅蜜である。

『般若経』全体に共通して言えることは、空の認識によって支えられていることである。この経典は、あらゆるものの実体を否定し、より自由な立場に立つべきことを主張している。

『般若心経』には、そうした『般若経』の説く教えの精髄《せいずい》がすべて盛り込まれているとされており、「心」とは、教えの核心を意味している。

他の仏典にはない特殊なはじまり方

一般の仏典は、すでに述べたように、「如是我聞」ということばではじまる。たとえば、同じ『般若経』の一つ、『金剛般若経』は、「如是我聞《にょぜがもん》、一時《いちじ》仏在《ぶつざい》舎衛国《しゃえこく》祇《ぎ》樹給孤独園《じゅきっこどくおん》（是《かく》の如《ごと》くわれ聞《き》けり。一時《いっとき》、仏《ほとけ》、舎衛国《しゃえこく》の祇樹給孤独園《ぎじゅきっこどくおん》に在《い》まして）」

という形ではじまっている。

伝説によると、釈迦が亡くなって後、弟子のあいだで口伝えにしか伝わっていなかったその教えをまとめるための集まり（「結集《けつじゅう》」と呼ばれる）が開かれたとき、アーナンダ（阿難陀）がこのことばからはじめたことに由来するとされている。

釈迦自身は、自らその教えを書き残していない。これは、新しく宗教を開いた開祖全体に共通して言えることで、師の教えを書き残すのはもっぱら弟子の役割である。如是我聞には、まさにそうした仏典の形式が明確に示されている。

ところが、『般若心経』は、如是我聞ではじまらない。それは異例なことである。しかも、わずか二百六十二文字と短く、そこに示されたものが、釈迦の説いたものなのかどうか、本文中でも明言されていない。

その点では、『般若心経』を果たして仏典のなかに含めるべきなのか議論の分かれるところでもある。

だが、一般の仏典が冗長に感じられるのとは対照的で、革新的な教えが端的に語られているところに『般若心経』の第一の魅力がある。

呪文としての神秘的な魅力

『般若心経』の形式上のもう一つの特徴は、「呪《じゅ》」という形で、「真言《しんごん》」が漢訳されないまま残されていることにある。真言は、密教において用いられる神々への呼びかけであり、呪文《じゅもん》である。真言自体、神秘的な力を有していると考えられている。『般若心経』における真言が、有名な「羯諦《ぎゃてい》　羯諦《ぎゃてい》　波羅羯諦《はらぎゃてい》　波羅僧羯諦《はらそうぎゃてい》　菩提《ぼじ》薩婆訶《そわか》」の部分である。

この真言の部分をそのまま読んでもまったく意味が分からない。音にして聞いても、意味のない呪文にしか思えない。しかも、サンスクリット語の文法にかなっていない部分があり、正確に翻訳しようとしても、それができない。

ただ、『般若心経』を読み上げたとき、この部分は強く耳に残る。とくに「羯諦《ぎゃてい》」ということばには、何か不思議な力が宿っているかのよう思える。それは、他の仏典が読み上げられたときとは明らかに違う。

それは、「南無阿弥陀仏《なむあみだぶつ》」の念仏や「南無妙法蓮華経《なむみょうほうれんげきょう》」の題目にも通じるものをもっている。もっとも、念仏を唱える「称名念仏《しょうみょうねんぶつ》」はもともと密教の行であり、真言と重なるところがあっても不思議ではない。

『般若心経』が、出家した僧侶だけではなく、一般の在家の信徒によっても広く唱えられてきたのも、この呪の部分があるからだ。

『般若心経』が説く仏教哲学も一方では極めて重要なものだが、呪文としての役割も大きい。真言密教《しんごんみっきょう》の開祖である空海《くうかい》は、「羯諦《ぎゃてい》」以下の箇所を「秘蔵真言分」と呼び、その重要性を強調している。

七回の「空」と二十一回の「無」にはさまれた「心」

宗教学者の山折哲雄氏は、私との対談『日本人の「死」はどこにいったのか』（朝日新書）のなかで、『般若心経』では、前半の序文的なところに「空」が七回出てきた後、本文の中心的な部分では「無」が二十一回出てきて、その「無」の連なりの真ん中に「心」が一度だけ出てくると、その構造上の特徴について指摘している。

『般若心経』二百六十二文字のうち、二十八文字が空か無ということになるが、他にある現象が起こることを否定する意味で「不」の文字も九回使われている。しかも、「不」の多くは「空」と「無」にはさまれた形になっている。

「空」と、「不」や「無」とでは、その使い方に違いがある。「空」が単独で用いられるのに対して、「不」と「無」は現象や事柄を否定することばとして用いられている。

「空」のサンスクリットの原語はシュニヤターで、この世に存在する物質が実体をいっさいもたないことを意味する。仏教が生まれたインドでは、数学の分野で「0(零)」が発明されるが、「空」はそれに通じている。

本質が「空」である以上、何らかの現象が現実に起こったり、何かが実際に存在しているわけではない。それを表現するために、「不」や「無」ということばがくり返し用いられ、その点が強調されている。ここにこそ、実在を否定する仏教の特徴が示されている。ところが、バラモン教やヒンズー教といったインドの土着宗教では、むしろ実在論が展開され、そこで仏教と対称的な性格を示している。

鳩摩羅什《くまらじゅう》による最初の漢訳

『般若心経』は、最初インドで作られたもので、それが中国に伝えられ、漢訳された。

最初に『般若心経』の漢訳を試みたのが、中国六朝の時代に数々の仏典の翻訳を行い、中国での仏教の興隆に貢献した鳩摩羅什《くまらじゅう》である。

ただし、羅什は中国の人間ではない。羅什は三五〇年にインド人を父親として、中央アジアのクチャ（亀茲）に生まれる。母親は、クチャ王の妹であった。

最初、羅什は、出家して部派仏教に属する阿毘達磨《あびだるま》仏教を学んでいたが、途中で空の教えを説く大乗仏教の中観派《ちゅうがんは》に転じた。中観派では『般若経』が重視されており、羅什は『般若経』の漢訳を行っている。そのなかに、『般若心経』も含まれていた。羅什の訳したものは、現在一般に流布している『般若心経』とは骨子は同じでも、字句に違いがある。ただし、これが本当に羅什が訳出したものかどうかについては疑問の声も上がっている。

羅什の伝記は、梁《りょう》の慧皎《えこう》の記した『高僧伝』（吉川忠夫・船山徹訳、岩波文庫）に詳しく記されているが、そこでは、クチャに戻った羅什が無理やり王の娘をあてがわれ、女犯《にょぼん》の罪を犯したとされている。羅什の学才が受け継がれないのはもったいないと、その地の王が考えたからである。

その後、羅什は都の長安に出て、そこで訳業に専念するが、彼が訳した経典は、『維摩経』や『法華経』など在家での信仰の価値を強調するものが少なくない。そこには、無理やり還俗《げんぞく》させられ、俗人として仏典の翻訳にいそしむしかなかった羅什の境遇が関係しているように思われる。

もっとも流布しているのは玄奘三蔵《げんじょうさんぞう》の漢訳

現在、一般に流布している『般若心経』は、中国の唐の時代に翻訳僧として活躍した玄奘三蔵によるものである。

玄奘より二百年以上前に活躍した鳩摩羅什が中国語を母国語としていなかったのに対して、玄奘は河南省洛陽の生まれで、中国語を母語としていた。そして、羅什とは反対に、唐の都、長安を出発して中央アジアを経てインドに入り、インド各地を訪れて六百五十七部に及ぶ仏典のサンスクリット原本を持ち帰った。中国人の手によって漢訳を行う必要があるという認識が、玄奘を長く苦しい旅に向かわせたのである。

玄奘はその後、弟子たちとともに持ち帰った仏典を漢訳する作業に励んだ。それ以降、玄奘の翻訳は「新訳」、それ以前の訳は「旧訳」と区別されるようになる。それだけ玄奘の訳業は画期的なものだった。

玄奘の求法《ぐほう》の旅は十五年以上に及び、その記録が『大唐西域記《だいとうさいいきき》』である。これは、マルコポーロの『東方見聞録』、円仁《えんにん》の『入唐求法巡礼行記《にっとうぐほうじゅんれいこうき》』とともに世界の三大旅行記に数えられている。孫悟空が活躍する『西遊記』に登場する三蔵法師は、玄奘がモデルになっており、『西遊記』は『大唐西域記』をもとにしている。

玄奘が漢訳した仏典は七十六部千三百四十七巻に及ぶ膨大なもので、そのなかには、『般若経』の経典群を集大成した『大般若波羅蜜多経《だいはんにゃはらみったきょう》（大般若経）』百巻も含まれている。

流布本と玄奘訳との微妙な違い

現在、一般に流布している『般若心経』は、六十頁から六十一頁に掲載したものである。『般若心経』と言ったとき、このテキストをさす。これが多くの人たちによって唱えられ、また写経されてきた。

これは、玄奘三蔵によるものとされるが、玄奘が紀元六六〇年から六三年にかけて訳出した『大般若波羅蜜多経』の「観照品《かんしょうぼん》」におさめられたものとは異なっている。

むしろそれは鳩摩羅什が紀元四〇三年に訳出した『摩訶般若波羅蜜経』の「習応品《しゅうおうぼん》」にあるものに似ている。空海が『般若心経秘鍵《はんにゃしんぎょうひけん》』で解説しているのも、そちらである。

したがって、現在流布しているものは、「流布本」と呼ばれ、玄奘訳そのものではない。

ただし、玄奘訳と流布本で本文には根本的な違いがあるわけではない。玄奘訳では、経題に「仏説摩訶《ぶっせつまか》」がつかず、その後に「唐三蔵法師玄奘譯《やく》」と入る。また、「遠離一切顛倒夢想《おんりいっさいてんどうむそう》」のうち、「一切」が欠けている。

かなり違うのが真言の部分で、流布本では「羯諦《ぎゃてい》」となっているが、玄奘訳では

「掲帝《ぎゃてい》」となっていて、「菩提薩《ぼじそ》（僧《そ》）婆訶《わか》」も「菩提僧莎訶《ぼじそわか》」となっている。最後の経題も、流布本がただ「般若心経」となっているが、玄奘訳は「般若波羅蜜多心経」である。

『般若心経』の漢訳は七種類ある

『般若心経』の漢訳は全部で七種類ある。訳された順にあげていけば次のようになる。訳者によって、経典の題名もそれぞれ異なっているので、題名についてもあげておく。

一　摩訶般若波羅蜜大明呪経《だいみょうじゅきょう》　鳩摩羅什訳　四一二年

二　般若波羅蜜多心経　玄奘訳　六四九年

三　般若波羅蜜多心経　般若（七三四〜八一〇）・利言など訳

四　普遍智蔵般若波羅蜜多心経　法月《ほうげつ》訳　七三八年

五　般若波羅蜜多心経　智慧輪《ちえのわ》訳

六　般若波羅蜜多心経（敦煌石室本）法成《ほうじょう》訳

七　仏説聖仏母般若波羅蜜多経　施護《せご》訳

一と二が、最初に釈迦が登場しない小本《しょうほん》（略本《りゃくほん》）であるのに対して、三以降は皆、釈迦が登場する大本《だいほん》（広本《こうほん》）である。小本と大本の違いについては、次の節で説明する。

それぞれの訳には相違する点もあるが、全体としては内容が共通している。ほぼ同じ内容のまま、最初の鳩摩羅什訳から五世紀間にわたってくり返し改訳が試みられたことになる。大本よりも小本のほうが広く読み継がれ、今日日本で『般若心経』と言えば、基本的に小本のことをさす。

サンスクリット語原本は日本にしかない

『般若心経』は、「如是我聞」ではじまらず、その点では異例の仏典だが、実は、「如是我聞」ではじまる『般若心経』も存在している。それが、「広本《こうほん》」あるいは「大本《だいほん》」と呼ばれるもので、「略本《りゃくほん》」、「小本《しょうほん》」と呼ばれる玄奘三蔵訳や流布本よりも少しだけ長く、釈迦が王舎城《おうしゃじょう》の霊鷲山《りょうじゅせん》で説法したという形をとっている。

広本にも略本にもサンスクリット語の原本が存在するが、それが作られたインドには残されていない。サンスクリット語の広本は中国に伝えられていて、日本にも写本として伝わっている。空海の弟子の慧雲《えうん》が唐からもたらしたもので、今は奈良の長谷寺にある。

一方、略本のほうは、サンスクリット語の音を漢字に写したものが、『梵本《ぼんぽん》般若波羅蜜多心経』として中国の敦煌で発見されているが、サンスクリット語の写本は中国にもない。

それがあるのが日本の法隆寺である。それは、遣隋使となった小野妹子が中国からもたらしたものだとされているが、伝来の経緯ははっきりしない。その写本がいくつか伝えられている。

インドに発した大乗仏教は、中国や朝鮮半島でも一時は大いに流行したものの、その後は衰えた。密教はチベットに伝わり、今でもその信仰は盛んだが、大乗仏教が今日にまでしっかりと伝えられているのは日本だけにかぎられる。『般若心経』の原本が法隆寺のみに伝わるのも、そうした歴史的な経緯と関係するであろう。ここにも、とくに日本人が、『般若心経』にことさら強い愛着をもってきたことが示されている。

第２章

キーワードで読み解く『般若心経』の教え

原文を味わう

この章では般若心経のポイントとなってくるキーワードを見ていく。その前にまず、般若心経の原文をあげておこう。

仏説《ぶっせつ》摩訶《まか》般若《はんにゃ》波羅蜜多《はらみった》心経《しんぎょう》

観自在菩薩《かんじざいぼさつ》　行深般若波羅蜜多時《ぎょうじんはんにゃはらみったじ》　照見五蘊皆空《しょうけんごうんかいくう》　度一切苦厄《どいっさいくやく》

舎利子《しゃりし》　色不異空《しきふいくう》　空不異色《くうふいしき》　色即是空《しきそくぜくう》　空即是色《くうそくぜしき》　受想行識《じゅそうぎょうしき》

亦復如是《やくぶにょぜ》　舎利子《しゃりし》　是諸法空相《ぜしょほうくうそう》　不生不滅《ふしょうふめつ》　不垢不浄《ふくふじょう》　不増不減《ふぞうふげん》

是故空中無色《ぜこくうちゅうむしき》　無受想行識《むじゅそうぎょうしき》　無眼耳鼻舌身意《むげんにびぜつしんい》　無色声香味触法《むしきしょうこうみそくほう》

無眼界《むげんかい》　乃至無意識界《ないしむいしきかい》　無無明《むむみょう》　亦無無明尽《やくむむみょうじん》　乃至無老死《ないしむろうし》

亦無老死尽《やくむろうしじん》　無苦集滅道《むくしゅうめつどう》　無智亦無得《むちやくむとく》　以無所得故《いむしょとくこ》　菩提薩埵《ぼだいさった》

依般若波羅蜜多故《えはんにゃはらみったこ》　心無罣礙《しんむけいげ》　無罣礙故《むけいげこ》　無有恐怖《むうくふ》　遠離一切顛倒夢想《おんりいっさいてんどうむそう》

究竟涅槃《くきょうねはん》　三世諸仏《さんぜしょぶつ》　依般若波羅蜜多故《えはんにゃはらみったこ》　得阿耨多羅三藐三菩提《とくあのくたらさんみゃくさんぼだい》

故知般若波羅蜜多《こちはんにゃはらみった》　是大神呪《ぜだいじんしゅ》　是大明呪《ぜだいみょうしゅ》　是無上呪《ぜむじょうしゅ》　是無等等呪《ぜむとうどうしゅ》

能除一切苦《のうじょいっさいく》　真実不虚《しんじつふこ》　故説般若波羅蜜多呪《こせつはんにゃはらみったしゅ》　即説呪曰《そくせつしゅわつ》

羯諦《ぎゃてい》　羯諦《ぎゃてい》　波羅羯諦《はらぎゃてい》　波羅僧羯諦《はらそうぎゃてい》　菩提薩婆訶《ぼじそわか》　般若心経《はんにゃしんぎょう》

訳①

「仏説摩訶般若波羅蜜多心経《ぶっせつまかはんにゃはらみったしんぎょう》」

観自在菩薩《かんじざいぼさつ》　行深般若波羅蜜多時《ぎょうじんはんにゃはらみったじ》　照見五蘊皆空《しょうけんごうんかいくう》　度一切苦厄《どいっさいくやく》

訳文

求道者である観音菩薩は、深遠な知恵の完成をめざして、その実践をしていたとき、すべての存在を構成している五つの要素がみな実体のないものであることを認識し、いっさいの苦悩やわざわいを超越することができた。

訳②

「舎利子《しゃりし》　色不異空《しきふいくう》　空不異色《くうふいしき》　色即是空《しきそくぜくう》　空即是色《くうそくぜしき》　受想行識《じゅそうぎょうしき》

亦復如是《やくぶにょぜ》」

訳文

我が弟子であるシャーリプトラよ、物質的現象は実体のないものにことならず、実体のないものは物質的現象にことならない。物質的現象はまさに実体のないものであり、実体のないものはまさに物質的現象である。そして、物質的現象とともに、すべての存在を構成している他の四つの要素である人間の感覚も、イメージも、こころの働きも、さらには知識も、物質的現象の場合とまったく同じなのである。

訳③

「舎利子《しゃりし》　是諸法空相《ぜしょほうくうそう》　不生不滅《ふしょうふめつ》　不垢不浄《ふくふじょう》　不増不減《ふぞうふげん》　是故空中無色《ぜこくうちゅうむしき》
無受想行識《むじゅそうぎょうしき》　無眼耳鼻舌身意《むげんにびぜつしんい》　無色声香味触法《むしきしょうこうみそくほう》　無眼界《むげんかい》　乃至無意識《ないしむいしき》
界《かい》　無無明《むむみょう》　亦無無明尽《やくむむみょうじん》　乃至無老死《ないしむろうし》　亦無老死尽《やくむろうしじん》　無苦集滅道《むくしゅうめつどう》」

訳文

シャーリプトラよ、いっさいの存在するものは実体のないことを特徴としており、生じることもなく、滅することもなく、汚れることもなく、清まることもなく、増えることもなく、減ることもない。このために、実体のない状態においては、物質的現象もなく、感覚もなく、イメージもなく、こころの働きもなく、知識もない。また、目や耳や鼻や舌やからだや思いといったものもなく、それが対象とする形も音も香りも味も、触ったり、思ったりすることのできる対象もない。さらに、目で見える世界も、意識の世界もない。そして、迷いもなく、迷いが尽きることもない。また、老いることも死ぬこともなく、老いることや死ぬことが尽きることもない。苦しみも、苦しみの原因も、苦しみを滅することも、苦しみを滅するための方法もない。

訳④

「無《む》智《ち》亦《やく》無《む》得《とく》　以《い》無《む》所《しょ》得《とく》故《こ》　菩提薩埵《ぼだいさった》　依《え》般若《はんにゃ》波羅蜜多《はらみった》故《こ》　心《しん》無《む》罣礙《けいげ》
無《む》罣礙《けいげ》故《こ》　無《む》有《う》恐怖《くふ》　遠離《おんり》一切《いっさい》顛倒《てんどう》夢想《むそう》　究竟《くきょう》涅槃《ねはん》　三世《さんぜ》諸仏《しょぶつ》　依《え》般若《はんにゃ》
波羅蜜多《はらみった》故《こ》　得《とく》阿耨多羅《あのくたら》三藐《さんみゃく》三菩提《さんぼだい》」

訳文

知恵もなく、体得すべきものもない。体得すべきものがないので、求道者は、知恵の完成によって、こころに障害がなくなる。こころに障害がないから、恐れもなく、正しく見ることを妨げる迷いを離れて、永遠の平和を極めるのだ。現在、過去、未来にわたる三世の仏たちは、知恵を完成することによって、このうえない完全な悟りを体得している。

訳⑤

「故《こ》知《ち》般若《はんにゃ》波羅蜜多《はらみった》　是《ぜ》大神呪《だいじんしゅ》　是《ぜ》大明呪《だいみょうしゅ》　是《ぜ》無上呪《むじょうしゅ》　是《ぜ》無等等呪《むとうどうしゅ》　能《のう》除《じょ》一切《いっさい》苦《く》　真実不虚《しんじつふこ》　故《こ》説《せつ》般若《はんにゃ》波羅蜜多《はらみった》呪《しゅ》　即《そく》説《せつ》呪《しゅ》曰《わつ》　羯諦《ぎゃてい》　羯諦《ぎゃてい》　波《は》羅《ら》羯諦《ぎゃてい》　波羅僧羯諦《はらそうぎゃてい》　菩提薩婆訶《ぼじそわか》　般若心経《はんにゃしんぎょう》」

訳文

それゆえに、以下のことを理解すべきである。知恵の完成は真言（マントラ）であり、偉大な悟りの真言であり、このうえないすばらしい真言であり、他に比べることのできない真言である。いっさいの苦しみを取り除く、真実なるものであり、虚しいものでは

ない。知恵の完成は、真言を説く。その真言とは「羯諦《ぎゃてい》　羯諦《ぎゃてい》　波羅羯諦《はらぎゃてい》　波羅僧羯諦《はらそうぎゃてい》
菩提薩婆訶《ぼじそわか》」である。

これこそが、完璧な悟りに至るための真髄である。

「仏説」

通常の仏典と『般若心経』の大きな違い

玄奘三蔵訳では、経題はただ「般若波羅蜜多心経《はんにゃはらみったしんぎょう》」となっており、「仏説摩訶《ぶっせつまか》」の文字はない。

「仏説」ということばが加えられたのは、『般若心経』が通常の仏典とは異なり、「如是我聞《にょぜがもん》」でははじまらないことが関連する。あくまで釈迦が説いた教えであることを強調するために、「仏が説いた」ということばが加えられたのであろう。

釈迦は「釈迦牟尼《しゃかむに》」の略で、姓はゴータマ、名はシッダールタであった。釈迦とは、このゴータマ・シッダールタの属していた種族の名前をさし、釈迦牟尼とは釈迦族の聖者を意味する。

釈迦は出家して、修行の果てに悟りを開き、目覚めた者の意味で「仏陀《ぶっだ》」、あるいはただ「仏」と呼ばれるようになる。その仏が説いたものが、膨大に存在する仏典である。

仏典のなかでは、漢訳の『阿含経《あごんきょう》』のなかに、一部釈迦が実際に説いた教えが含まれるとされるが、それも明確ではない。

大乗仏典になると、釈迦が亡くなってから四、五百年後に作られたもので、後世の創作である。しかも、大乗仏典の内容は、『阿含経』などの原始仏典とは大きく異なっている。

それでも大乗仏典は、釈迦本人が説いた教えであるという体裁をとっている。それは、『般若心経』の場合も変わらない。

「摩訶」
無限に広がる仏教の世界観

「摩訶《まか》」とは、サンスクリット語の mahā の音をそのまま漢字に写したものである。

こうしたものは「音写」と呼ばれる。

mahāは、大きなもの、多いものを意味し、さらには勝れたもの、偉大なものの意味もある。私たちが日常使うことばに「摩訶不思議」があるが、それはとてつもなく不思議なこと、神秘的なことを意味する。

したがって、「摩訶般若波羅蜜多心経《まかはんにゃはらみったしんぎょう》」とは、経典の偉大さを強調した表現になる。奈良東大寺の大仏などが「摩訶毘盧遮那仏《まかびるしゃなぶつ》」と言われるのも、その巨大さとともに、仏像としての偉大さを表現するためである。

中国の天台宗《てんだいしゅう》を開いた天台智顗《てんだいちぎ》の著した主要な三つの論書の一つも、『摩訶止観《まかしかん》』と名づけられていた。偉大な瞑想についての意味である。

仏教の世界では、仏や経典にかぎらず、素晴らしさや大きさを強調するときに、日常の感覚からすれば、過剰とも思えるような表現が使われる。全宇宙を意味する「三千大千世界《さんぜんだいせんせかい》」や、一つの宇宙が誕生してからそれが滅びるまでの時間を意味する「劫《こう》」などがそれにあたる。

それとは対称的に、『般若心経』にも示されているように、空や無という、すべてを根底から否定するような表現も頻繁に使われる。

一方に摩訶で表現される世界があり、もう一方に空や無で表現される世界がある。仏教の世界は、極大にも極微にも向かうことで、無限の広がりをもっていくのである。

「般若波羅蜜多」
五回もくり返される呪文としての響き

般若《はんにゃ》波羅蜜多《はらみった》は、「般若」と「波羅蜜多」の二つの部分に分けられる。ともに、サンスクリット語の音写で、般若はprajñāが、波羅蜜多はpāramitāがもとになっている。

このプラジュニャーは、勝れたことを意味するプラと、知恵を意味するジュニャーが合わさったもので、全体で、「大いなる知恵」、あるいは「完全なる知恵」のことをさす。

一方、パーラミターは、「向こう岸に到達する」の意味があり、仏教的に言えば、「彼岸《ひがん》に到達する」ことをさす。日本的な感覚からすれば、彼岸には死者が赴く極楽浄土のイメージがあるが、仏教本来のあり方としては、悟りの世界を意味する。

したがって、般若波羅蜜多とは、知恵の力によって悟りの世界に至ることを意味し、漢語では、「智度《ちど》」と訳される。大乗仏教の体系化を進めたインドの龍樹《りゅうじゅ》（ナーガールジュナ）に『大智度論《だいちどろん》』という著作があるが、これは、『摩訶般若波羅蜜経』（大品《だいぼん》般若経）についての長大な注釈である。

『般若心経』のなかでは、「般若波羅蜜多」という表現は五回もくり返され、極めて印象の強いものになっている。しかも、音を聞いただけでは、すぐに意味を理解できず、呪文としての響きをもっている。

とくに後半の「呪《じゅ》（真言）」の部分でのくり返しは、『般若心経』独自の音の世界を作り上げることに大いに貢献している。

「心経」垣間見える東洋と西洋の宗教観の違い

『般若心経』は、『心経《しんぎょう》』と略称されることが少なくない。

ここで言う「心」とは、まず第一に真髄といった意味で、膨大に存在する『般若経』のエッセンスが、この短い経文に凝縮して表現されていることを示している。だが、受け取り手の感覚は、そこにはとどまらない。もし、『般若心経』に心という一字が入っていなかったとしたら、この経典はこれほどポピュラーなものにはならなかったのではないだろうか。

よく、西洋の宗教と東洋の宗教とを対比させるとき、一神教対多神教という二分法がもちだされる。たしかに、ユダヤ教やキリスト教、それにイスラム教は一神教で、この世界を創造した唯一絶対の神が信仰の対象になっている。

ところが、多神教とされる東洋の宗教、仏教やヒンドゥー教、儒教や道教、さらには日本の神道において、たくさんの神が存在するということ自体がとりわけ重視されているわけではない。一神教と多神教では、神の存在価値に違いがある。

むしろ東洋の宗教がもっとも関心を寄せてきたのは、神のような信仰の対象ではなく、信仰を生み出す心の側である。

西洋と東洋の世界の宗教的な差異を、神を重視する西洋の宗教と心を重視する東洋の宗教という形で説明することができる。二つの世界における宗教観を分ける鍵はそこにある。『般若心経』がとくに重視されてきたのも、そこでは、心のありようが端的な形で表現され、心に対してどう向かい合うべきかが示されているからである。

「観自在菩薩」

観音信仰とともに日本に浸透した『般若心経』

観自在菩薩《かんじざいぼさつ》とは、「観世音菩薩《かんぜおんぼさつ》」、つまりは「観音《かんのん》」のことである。観音は、慈悲や衆生《しゅじょう》の救済をその特徴や役割とする菩薩の一つである。菩薩については、次の節で説明する。

日本の仏教では、とくに観音信仰が盛んで、観音が祀《まつ》られた霊場をめぐる観音霊場巡りは、昔から庶民の信仰を集めてきた。その代表的なものには、「四国遍路」や「西国《さいごく》三十三箇所」がある。

観音は、数ある菩薩のなかで中心的な役割を果たしてきたと言えるが、その特徴は、「変化《へんげ》」することにある。六観音と言えば、聖観音《しょうかんのん》、千手観音《せんじゅかんのん》、馬頭観音《ばとうかんのん》、十《じゅう》一面観音《いちめんかんのん》、如意輪観音《にょいりんかんのん》、不空羂索観音《ふくうけんじゃくかんのん》（あるいは准胝観音《じゅんていかんのん》）のことをさす。観音が変化するのは、できるだけ多くの衆生を救うためだとされる。菩薩のなかでも変化するのは観音に限られる。

観音の功徳を説いた経典が『観音経』で、それは『法華経』第二十五章の「観世音菩薩普門品《ふもんぼん》」に含まれる。

観自在は「観」と「自在」の二つの部分に分かれ、あらゆるものを自由自在に観《み》る、観察することができる能力をさしている。つまり、観世音菩薩にはそれだけの知恵が備わっているというわけである。

観世音菩薩が、『般若心経』の主役に選ばれたのも、こうしたことが関係する。この経典で説かれたのは、般若波羅蜜多であり、知恵による悟りへの到達である。まさに観世音菩薩は、そうした力を備えている。

『般若心経』が流行した背景には、こうした観音信仰の広がりがある。人々は、観音菩薩の前で『般若心経』を唱え、功徳がもたらされることをひたすら願ってきたのである。

「菩薩」
他者の救済をめざす大乗仏教

『般若心経』の主役である観世音菩薩も、数ある「菩薩《ぼさつ》」のなかの一人である。菩薩の原語はbodhisattvaである。bodhiの漢語は「菩提《ぼだい》」で悟りを意味する。一方、sattvaの漢語は「薩埵《さった》」で生きている者を意味する。この二つを合わせれば、悟りをめざして生きる人間を意味する。

しかし、大乗仏教における菩薩は、たんなる修行者ではない。菩薩というとらえ方がなされた背景には、大乗の立場からは「小乗」として否定される部派仏教への批判がある。部派仏教の修行者は、出家して現実から離れ、ひたすら自分一人の悟りをめざす。これに対して、大乗仏教の修行者は、他者をも救済する「利他行」をめざすとされたのである。

そして、大乗仏教では、部派仏教の修行者は本当の悟りには至れないとされた。

ただし、『法華経』では、そうした小乗仏教の修行者であっても悟りに至ることができるという立場をとる。

悟りを得てしまった者が「如来《にょらい》」であり、菩薩とは区別される。如来には、釈迦如来、薬師如来、阿弥陀《あみだ》如来、大日《だいにち》如来などがあり、仏教の各宗派で本尊として位置づけられてきた。

一方、菩薩には、観世音菩薩のほかに、弥勒菩薩《みろくぼさつ》、文殊菩薩《もんじゅぼさつ》、普賢菩薩《ふげんぼさつ》、地蔵菩薩《じぞうぼさつ》など多様なものがある。如来も菩薩も、さまざまな形で仏像として表現され、各寺院で祀られてきた。また、如来や菩薩を描いた仏画もさまざまに制作されてきた。

「時」

仏教にとっての「時」の意味

世界の成り立ちを考える場合、空間という側面と時間という側面とは極めて重要な意味をもっている。そのため、空間論や時間論は、哲学や宗教の基本的なテーマになってきた。仏教においても、空間や時間のあり方については、そのはじまりから考察が進められてきた。

ここでは時間論だけが問題になるが、仏教では、数量的に表現される時間としての kāla と、意識の流れとしての adhvan（三世）、それにある特定の時点や時機を意味する samaya（三昧耶）とが区別される。「行深般若波羅蜜多時《ぎょうじんはんにゃはらみったじ》」といったときの時は、最後の samaya の意味で使われている。

『般若心経』における観世音菩薩は、一人の修行者、求道者として描かれている。その観世音菩薩が、知恵による完成をめざして修行していたときに重大な認識に達したことが強調されている。『般若心経』において説かれるのは、まさにその認識の内容である。

時ということばが加えられることによって、観世音菩薩の修行する姿にリアリティーが与えられる。『般若心経』を読む者は、各種の仏像に接することで、観世音菩薩の修行するさまがいかなるものなのかを具体的に思い描くことができる。

釈迦による説法という形をとらない『般若心経』が、観世音菩薩という主役を欠いていたら、そこに記された事柄は、とたんに具体性を失ってしまっていたかもしれない。

「五蘊」
心とは何かの心理学的説明

「五蘊《ごうん》」と聞いても、いったいそれが何を意味しているのか、多くの人は皆目見当がつかないに違いない。五蘊は、仏教特有の専門用語である。

仏教の世界で使われることばのなかには、日常生活のなかで広く使われるようになったものも少なくない。「縁」だとか、「因果」だとか、「業《ごう》」などがその代表である。「諸行無常《しょぎょうむじょう》」といった表現も、仏教の教えというよりも、日本的な自然観を示したものとして受け入れられてきた。ところが五蘊は、そうした形では定着しなかった。日常の世界で使われることばにはなっていないのだ。

五蘊は、「五陰」とか「五衆」とも呼ばれる。簡単に言えば、五つの集まりを意味する。五蘊は、色蘊《しきうん》、受蘊《じゅうん》、想蘊《そううん》、行蘊《ぎょううん》、識蘊《しきうん》から構成されていて、それぞれ、目に見えるもの（色蘊）、それを刺激として受け止めること（受蘊）、そこからイメージを思い描くこと（想蘊）、それによって生じる心の動きをとらえること（行蘊）、そして、それを知識や認識として定着させること（識蘊）を意味する。

つまり、私たちが行っている認識活動の全体をさして、五蘊と言っているわけだ。五蘊などという表現を使うと、ひどく分かりにくくなるが、意識活動と言ってもいいかもしれない。

仏教が問題にするのは、神のような超越的な存在ではなく、人間一人ひとりの心の働きである。したがって、仏教で語られていることを、一種の心理学としてとらえてみると、その意味が分かりやすくなる。この五蘊など、まさに古代インドにおける心理学的な説明だと言える。心がいかに対象を認識していくのか、その過程が順を追って説明されているからだ。

「空」
実体の世界を根底から覆す空の思想

「空《くう》」は、「無《む》」と並んで、『般若心経』における中心的な概念であり、その根本的な思想である。

ただし、空の考え方によるならば、あらゆるものには実体がないことになり、概念の存在自体も否定される。その点で、空を概念としてとらえていいのかどうか、そこからして大きな問題である。

空のサンスクリット語はśūnyaである。これは本来、何かを欠いていることの意味だった。それが、哲学的には、固定的な実体がないこと、実体性を欠いていることを意味するようになった。

インドの数学で0が発見されたことは有名だが、空はそれにかなり類似した考え方と言える。インド人は、広大な宇宙の広がりに思いをはせる一方で、何物も存在しない状態をもイメージできたのである。

西洋の哲学では、「有」、つまりは存在することが基本であり、神によって創造された世界は実体としてとらえられている。西洋の人々にとって、東洋の哲学や宗教が理解できないものに思えたり、逆にとてつもなく魅力のある神秘的なものに見えたりするのは、空というとらえ方が、有の世界、実体の世界を根底からひっくり返してしまうからである。

『般若心経』にそのエッセンスが示された『般若経』は、この空の思想をはじめて展開した大乗経典である。それは、すべてを実体あるものとしてとらえる部派仏教の思想的な潮流の一つ、「説一切有部《せついっさいうぶ》」を批判するところから生まれた。この説一切有部をとくに批判したのが、『中論《ちゅうろん》』を著して、空の思想を説いた龍樹なのである。

「一切」
平等思想に貫かれた仏教の魅力

「一切《いっさい》」ということばは、日常でも広く使われており、格別仏教の専門用語として意識されることはないかもしれない。

だが、仏教では、一切ということばは相当に重要な意味を担っている。たとえば、「一切経」という表現がある。これは「大蔵経《だいぞうきょう》」と同義で、大乗仏教の経典全体をさして使われるが、そこには一切経が森羅万象、あらゆる事柄、物事を包含しているというニュアンスが込められている。

したがって、「一切法」ということばがあり、この世に存在する物質的、精神的なもののすべてを意味している。ほかにも、『般若心経』に出てくる「一切皆空《いっさいかいくう》」をはじめ、「一切皆成仏《いっさいかいじょうぶつ》（あらゆる存在は成仏が可能だということ）」や「一切衆生《いっさいしゅじょう》悉有仏性《しつうぶっしょう》（あらゆる存在には皆仏性が備わっているということ）」といった表現もある。

一切ということは、すべてのもの、すべての事柄が当てはまるということで、そこからもれるもの、例外が存在しないことを意味する。仏教の世界で、この一切ということばが多用されるのも、世俗の世界では優劣がつけられているものであっても、実際にはすべて同じ条件のもとにあることを強調するためである。

豊富な富を蓄えた者も、貧しく物乞いをするしかない者も、華やかに装飾されている物も、打ち捨てられ朽ちている物も、その一切が空であり、無である、あるいは縁起や因果の法則によって支配されている。こうした仏教の教えは、本質的に平等思想によって貫かれている。

そこにこそ仏教の大いなる魅力があり、今日、その価値が世界的にも見直されている原因がある。仏教生誕の地でありながら、その後仏教が衰えたインドでも、近年では、カースト制度から逃れるために、新たに仏教に入信する人間が増えている。

「苦」
苦の認識論、苦の心理学が仏教である

「苦《く》」こそ、仏教が克服すべき第一の課題である。とくに初期の仏教においては、何よりも苦を克服することにすべての精力が注がれていた。仏教は、苦というものをどうとらえるか、苦の認識論であり、苦にまつわる心理学なのである。

「四苦八苦」という表現は、私たちの普段の生活でも使われるが、それは仏教が明らかにした苦の分類学である。四苦とは、根源的な苦しみである生、老、病、死の四つをさす。このうち生を除くものは、すぐに苦として理解されるだろうが、生まれること自体を苦として認識するのは、仏教の、さらにはインドの宗教思想の大きな特徴である。だからこそ、生まれ変わりをくり返す「輪廻《りんね》」からの解脱が説かれるわけである。

八苦は、この四苦に、「愛別離苦《あいべつりく》」、「怨憎会苦《おんぞうえく》」、「求不得苦《ぐふとくく》」、それに「五取蘊《ごしゅうん》

苦《く》」を加えたものである。愛別離苦とは愛するものと離ればなれになることの苦しみ、怨憎会苦とは怨みや憎しみを感じる相手に出会うことの苦しみ、求不得苦とは求めても得られない苦しみを意味し、最後の五取蘊苦とは現実に存在するものすべてが苦しみに結びつくという仏教の根源的な認識を示している。

いかにしてその苦から解き放たれることができるのか。仏教は、『般若心経』でも示されているように、この世に存在するあらゆるものが空であるという認識（皆空）をもつことができれば、苦に陥ることがないと説いているのである。

「舎利子」
登場人物は釈迦の十大弟子の一人

「舎利子《しゃりし》」は、観世音菩薩を除けば、『般若心経』の唯一の登場人物である。釈迦には十人の弟子がいたとされ、それは「十大弟子」と呼ばれる。舎利子は、サンスクリット語では元々sāriptraであることから、「舎利弗《しゃりほつ》」とも表記される。

釈迦の十大弟子は、この舎利弗のほかに、富楼那《ふるな》、目連《もくれん》、迦旃延《かせんねん》、摩訶迦葉《まかかしょう》、優《う》波離《ばり》、阿那律《あなりつ》、羅睺羅《らごら》、須菩提《しゅぼだい》、阿難《あなん》からなっている。阿修羅像で名高い奈良の興福寺には、十大弟子の仏像があり、国宝にも指定されている。

舎利子は、もともとは、釈迦の弟子ではなく、懐疑論者のサンジャヤの弟子になっていた。ところが、目連とともに釈迦に帰依《きえ》するようになり、その際にはサンジャヤの弟子二百五十人を引き連れていったと伝えられている。その点では、初期の仏教教団の基盤を確立することに貢献したと言える。

釈迦の弟子には、それぞれ得意な分野があった。舎利子の場合には「知恵第一」と言われてきた。十大弟子では筆頭にあげられることが多く、それだけ釈迦の信頼も篤かったものと思われる。

ほかの十大弟子の得意な分野をあげれば、次のようになる。

富楼那　説法第一

目連　神通《じんずう》（超能力）第一

迦旃延　論義第一
摩訶迦葉　頭陀《ずだ》（清貧な修行）第一
優波離　持律《じりつ》（戒律を守る）第一
阿那律　天眼《てんげん》（真理を見通す）第一
羅睺羅　密行《みつぎょう》（厳密）第一
須菩提　解空《げくう》（空の理解）第一
阿難　多聞《たもん》（記憶力）第一

「色」
仏教では世界を三つの種類に分類する

『般若心経』と言えば、そのなかで一番名高いのは、「色即是空《しきそくぜくう》　空即是色《くうそくぜしき》」の箇所である。

「色《しき》」の原語はrūpaで、色や形によって表現されるもの、物質的な存在すべてを意味する。それは、あたかも実体をもって存在しているかのように見えるが、実は実体をもってはいない。逆に実体をもたないために、さまざまなあらわれ方をすることができる。それが、「色即是空　空即是色」の意味するところである。

仏教では、世界を三つの種類に分けて考え、それは「三界《さんかい》」と呼ばれる。その三界を構成するのが、「欲界《よくかい》」、「色界《しきかい》」、「無《む》色界《しきかい》」である。欲界とは、さまざまな欲望にとらわれたもっとも劣った世界を意味する。色界は、欲望を克服しても、さまざまな物質や現象を実体としてとらえ、それに執着する世界を意味する。無色界に至ってはじめて、欲望や物質にとらわれない精神的なあり方のみを追求できるとされている。

その点で、色や色界は本質的なものではなく、否定すべきものと考えられている。だからこそ、究極的な真理である空の対極に位置づけられているわけである。

日本には、「色事」や「色恋」といった表現があり、色はあだっぽい恋愛と結びつけられてきた。たしかに色は、欲望と結びついた否定すべきことかもしれない。

だが、人間の本質でもあるととらえるのが、日本人の「色即是空　空即是色」の解釈であり、世界観なのである。

「即」
相反するものが同一であるという世界観

「即《そく》」ということばが出てくる仏教用語としては、「即身成仏《そくしんじょうぶつ》」などがあげられる。

『般若心経』で使われている即は、本来結びつかないものが実は強い結びつきをもっている、さらに言えば、本質的に同じものだということを意味している。

同種の表現としては、「煩悩《ぼんのう》即《そく》菩提《ぼだい》」、「生死《しょうじ》即《そく》涅槃《ねはん》」といったものがある。

菩提とは悟りの境地のことだが、本来なら、煩悩は悟りを得るために否定すべきものである。それが仏教の基本的な考え方で、初期の仏教では、煩悩を断ち切ったところに悟りが開かれるという見解がとられた。

ところが、大乗仏教の段階になると、人間は煩悩を抱くからこそ救われたいという思いを抱くのだから、煩悩こそが菩提に通じているという見方がされるようになる。ついにはそれが同じものとしてとらえられるようになっていった。生死即涅槃も同様の考え方にもとづいている。

人間の生き死にがそのまま悟りの境地である涅槃に通じているなら、修行の必要はないし、人間はそのままで救われていることになる。そこでは戒律を守ることさえ必要とはされず、現実は全面的に肯定される。

そうした思想は、「本覚思想《ほんがくしそう》」とも言われる。本覚思想は、本来、仏教の難解な哲学の一つだが、二元論を否定することで、本来併立しないものが共存することを示してきた。煩悩と菩提が同じものとして結びつけられるのも、こうした本覚思想にもとづいている。本覚思想は、主に日本で中世以降に流行するが、際限のない現実肯定は危険な思想を含んでいるとも言われ、批判の対象にもされてきた。

「不」不の表現が多用されている理由

「不《ふ》」という表現は、『般若心経』のなかで六回出てくるが、「不《ふ》生《しょう》不《ふ》滅《めつ》　不《ふ》垢《く》不《ふ》浄《じょう》　不《ふ》増《ぞう》不《ふ》減《げん》」という形で、集中的に出てくる。あらゆるものは、生じることも、滅することも、汚れることも、浄《きよ》まることも、増えることも、減ることもないというのが、その意味である。

現象を否定するという点で、ここでの不は、空や無と共通した性格をもっている。だが、空や無が仏教の重要な概念、とらえ方として思想的に深められてきたのに対して、不がそうした対象になることはない。

けれども、動詞についてその動作や出来事を否定するのは不ということばの役割であり、すべてを空や無としてとらえる『般若心経』の立場からすれば、不という表現が多用されるのも必然的なことである。

不が使われる仏教用語としては他に、「不動《ふどう》」、「不二《ふに》」、「不犯《ふぼん》」、「不立文字《ふりゅうもんじ》」などがある。

不動は、不動明王の略称でもあるが、揺るぎない心という意味もある。

不二は、分かれて存在しているものが本来は分かち難いものだという認識を示しており、それは「即」という表現にも通じる。

不犯は、戒律を犯さない、とくに性的な欲望を満たす五戒の一つ「不邪淫戒《ふじゃいんかい》」を犯さないことを意味する。

そして、禅の世界では、真理を文字にあらわすことはできないとして、不立文字という言い方がされる。

仏教の思想は、何かを全面的に肯定するよりも、むしろ全面的に否定する方向に傾いていく。その点に、不という表現の重要性があると言える。

「無」
多くの人々を魅惑してきた『般若心経』が示す心の自由

仏教という宗教に神秘性を与えるうえで、「無《む》」は空と並んで重要な働きをしてきた。仏教は、無について思索し、その重要性を説く「無の宗教」であるとも言える。

とくに無を強調するのが、仏教のなかでも禅の流れである。無、ないしは無心は、座禅を実践する修行者の求める理想の心の世界としてとらえられてきた。『般若心経』が禅宗で重要視されてきたのも、経文のなかに無が頻繁に登場するからである。

しかし、『般若心経』がインドで成立した時点においては、今日私たちが知っている禅の世界は成立していなかった。禅は、大乗仏教が中国に伝えられ、中国の伝統的な宗教観、とくに道教の影響を受けるなかで確立されていった。道教は、あらゆる存在が無から生まれ、また無のなかに消えていくととらえた。その道教の影響を受けて、中国生まれの禅では無が説かれてきたのである。

ただし、『般若心経』における無は、禅で想定されている宇宙の根源としての意味をもたない。それは、必ずある概念や存在、物などについて、それを否定する役割を負っている。

「無色《むしき》」という形で、この世界に存在する色と形をもったものの実在を否定し、最後は「無有恐怖《むうくふ》」という形で、恐れを抱く必要のないことを強調している。

『般若心経』では、無という表現が幾度となくくり返され、あらゆるものの実在が否定されていく。その果てに、心がいかに自由であるかが示されていく。『般若心経』が多くの人を魅惑してきたのも、実在が否定されることで、あらゆるものに縛られない生き方が可能になるからである。

人間の感覚を六つに分類する「六根」

眼・耳・鼻・舌・身・意をさして「六根《ろっこん》」と言う。根とは、ある働きを生じさせる能力のことであり、その能力を司る身体の器官のことをさす。

眼は視覚を、耳は聴覚を、鼻は嗅覚を、舌は味覚の能力を意味する。身は身体全体のことを意味し、それは触覚とかかわる。

ここまでの五つは、いわゆる「五感」に含まれるもので、身体的な感覚の全体を意味している。それに対して、意だけは性格が違う。それは知覚的な能力のことであり、器官としては心が関係する。

この六根が対象とするものが、色・声・香・味・触・法の六つで、それは「六境《ろっきょう》」と呼ばれる。このなかで法だけがその意味をとりにくいが、それは心が司る精神世界を意味している。

六根と六境とを合わせて「十二処《じゅうにしょ》」と呼ばれる。十二処は、人間の感覚を司る器官とその対象全体を意味する。私たちは、そうしたものをリアルなものとして感じているが、『般若心経』はすべてそれは無であるとし、その実在を否定する。

六根に関連することばとして「六根清浄《ろっこんしょうじょう》」がある。これは本来、六根を清浄に保つことを意味する。それが日本では、修験道《しゅげんどう》の修行者などが霊場を巡ったり、修行を行ったりするときに唱える文句となった。『般若心経』が、さまざまな修行者によって唱えられてきたのも、こうした部分を含んでいるからである。

「六識」
私たちはどのようにものごとを認識しているのか

『般若心経』には、「眼界《げんかい》」と「意識界《いしきかい》」だけしか言及されていないが、実はその間にあるはずの、「耳界《にかい》」、「鼻界《びかい》」、「舌界《ぜっかい》」、「身界《しんかい》」の四つが省略されている。この六つは、「眼識界《げんしきかい》」、「耳識界《にしきかい》」、「鼻識界《びしきかい》」、「舌識界《ぜっしきかい》」、「身識界《しんしきかい》」、「意識界《いしきかい》」とも呼ばれ、全体で「六識《ろくしき》」と呼ばれる。

眼・耳・鼻・舌・身・意からなる六根が感覚する器官であるのに対して、色・声・香・味・触・法からなる六境は感覚の対象である。この器官と対象とがかかわりをもつことで生まれる作用の総体が六識である。六根と六境を合わせた十二処に、さらにこの六識を加えたものが「十八界《じゅうはっかい》」と呼ばれるもので、認識世界の全体をさし示している。

これに五蘊を加えた五蘊・十二処・十八界というのが、初期の仏教、部派仏教における基本的な認識論であった。それは大乗仏教にも受け継がれていく。だからこそ、大乗仏典としての『般若心経』にも登場するわけだが、『般若心経』は、そのすべては無いもの、実体をもたない空であると、その実在を一挙に否定している。

それはすでに、「五蘊皆空《ごうんかいくう》」や「色即是空《しきそくぜくう》」の部分で言われていることのくり返しでもあり、改めて説くこともないはずである。ところが、これは仏教経典にかぎらず、聖典全体に共通することだが、重要な教えにかんしては、幾度となくくり返され、その意義が強調される。現代人の感覚からすれば、くり返しは煩わしくも思えるが、仏教経典は声に出して読まれるのが本来のあり方である。その際に、くり返しは一つのリズムを作り上げ、聞く者の心に響いてくる。その点で、その重要性を無視してはならない。

「十二縁起」
煩悩の生まれるプロセス

「十二縁起《じゅうにえんぎ》」は、「十二因縁《じゅうにいんねん》」とも呼ばれる。それは煩悩の生まれる根本的な原因を明らかにし、煩悩を断つための方法を示したものである。

十二縁起は、無明《むみょう》からはじまり、行《ぎょう》・識《しき》・名色《みょうしき》・六入《ろくにゅう》・触《そく》・受《じゅ》・愛《あい》・取《しゅ》・有《う》・生《しょう》・老死《ろうし》へと進んでいく。『般若心経』では、最初の無明と最後の老死だけがふれられ、途中の十の要素については省略されている。

十二縁起を無明から順にたどっていくことで、この世界がどのような形で成り立っているかを理解することができる。また同時に煩悩の生じてくるプロセスを追うことができる。その行為をさして、「順観《じゅんかん》」、あるいは「流転《るてん》」とも呼ばれる。

また、十二縁起を老死から逆にたどっていくと、この世界のあらゆる現象、つまりは煩悩を生む根源である無明にたどり着くことができる。それを追っていく作業は、「逆観《ぎゃっかん》」、あるいは「還滅《げんめつ》」とも呼ばれる。

順観にしても、逆観にしても、それは煩悩から解放されるための手立てであり、修行としての意味合いをもつ。したがって、大乗仏教以前の部派仏教の段階においては、十二縁起は悟りを開くための修行法として重視されていた。

『般若心経』は、無明も、そして老死もないとすることで、十二縁起全体を一挙に否定している。すべてが空であるという『般若心経』、ないしは『般若経』の立場からすれば、それは当然のことである。ここには、『般若心経』が大乗仏教の立場から部派仏教を根底的に批判している点が示されている。

「無明」あらゆる煩悩の根源とは何か

「無明《むみょう》」は、「十二縁起《じゅうにえんぎ》（十二因縁とも言う）」の筆頭に位置づけられているものだが、それ単独でも重要な意味を担っている。

無明の原語はavidyāであり、それは究極の真理、つまりはこの世の根本的な成り立ちが明確でないこと、それを理解していない状態を意味する。漢語の無明には、もともと目が見えないことの意味があり、それが聡明さに欠けることの意味で用いられるようになり、avidyāの訳語として採用された。

十二縁起において、無明がその筆頭に位置づけられているということは、あらゆる現象の根源にはこの無明があることを意味する。現象が生じることで人間は煩悩を抱くわけで、無明は煩悩を生む根本であるとも言える。

つまり、この世界の成り立ちが分かっていないからこそ、さまざまな煩悩が生まれ、人はそれによって苦を感じるわけである。ならば、無明を克服すればいい。それが、仏教の修行の根本的な目的である。ただし、この修行はあくまで部派仏教の段階でのもので、出家して解脱をめざす修行者にふさわしい方法である。ただし、大乗仏教の段階になると、在家仏教の傾向が強くなり、出家して修行に専念するという生き方が必ずしも全面的には肯定されなくなっていく。

興味深いのは、イスラム教において、それが広まる前の時代が「ジャーヒリーヤ」と呼ばれていることである。ジャーヒリーヤは「無道」とも訳される。そこには、イスラム教が誕生したことで、神の教えに従って生きる道が明確にされたという認識が示されている。このジャーヒリーヤは「無明」と訳されることもある。

仏教やキリスト教、イスラム教といった世界宗教の成立する以前の段階は、どの宗教においても、根源的な無知によって支配された時代として認識されている。それが、無明やジャーヒリーヤということばに示されているわけである。

「四諦」
仏教の根底を批判する『般若心経』

「四諦《したい》」は、仏教における究極の真理であり、「四聖諦《ししょうたい》」とも呼ばれる。釈迦が悟りを開いてから最初に行った説法は「初転法輪《しょてんぼうりん》」と呼ばれるが、その際に説かれたのが、この四諦についてだったと言われる。

四諦は、苦諦《くたい》、集諦《じったい》、滅諦《めったい》、道諦《どうたい》の四つの部分からなっている。苦諦は、人生の根底に苦を見いだす見方のことをさす。集諦は、苦の生じてくる原因を見いだすことをさす。滅諦は、煩悩を断ち切ることで心の平安が得られるという事実を意味する。そして、最後の道諦は、苦を消滅させるための方法として「八正道《はっしょうどう》」の実践があることを示している。

八正道は、正見《しょうけん》、正思《しょうし》、正語《しょうご》、正業《しょうぎょう》、正命《しょうみょう》、正精進《しょうしょうじん》、正念《しょうねん》、正定《しょうじょう》からなっている。それぞれ、正しく見ること、正しく考えること、正しく語ること、正しい行いをすること、正しい生活をすること、正しい努力をすること、正しく精神集中をすること、正しい智慧を完成することを意味する。

八正道は、欲望をほしいままにすることにも、また苦行を実践することにも傾かない「中道」の実践であるとされ、部派仏教の段階では、仏教徒がとるべき基本的な生き方としてとらえられている。

このように、『般若心経』では、仏教の基本的な教えや実践の方法が順に言及されている。ただし、それが真理とされたり、推奨されることはなく、逆に、真っ向からその意義が否定されている。

その意味では、『般若心経』は、仏教の根底を否定する仏教批判であり、「反仏教」であるとも言える。にもかかわらず、『般若心経』には仏教の教えのエッセンスが示されていると考えられてきた。

この矛盾をいったいどのように考えていくのか。そこに『般若心経』の奥深さがある。

「罣礙」
心自体が心を苦しめているという考え方

「罣礙《けいげ》」の罣とは物を引っかけることを意味し、礙はさえぎるものを意味する。したがって、罣礙とは何かに引っかかって動きを妨げられている状態のことをさす。

『般若心経』は、人間の心のあり方について、それを究め、いかにして悟りに至るかを説いた経典である。そして、仏教の伝統にしたがって、いかにして心のなかに苦が生み出されていくのかを示す一方で、その原因となっているものをすべて空や無として否定することで、悟りへの道を示している。その点で、罣礙は、心を縛り、苦を生んでいる原因となるもので、いかにそこから自由になるかが、『般若心経』全体の説いている事柄になってくる。

ところが、私たちは、日常の暮らしを送るなかで、すぐに何かに心をとらわれ、それに執着して、自己を失ってしまう。ささいなことでも、気になることがあると、それが妨げになり、幸福を感じられない。それほど私たちの心は弱い。だからこそ仏の教えを必要としているとも言える。

絶対的な神の存在を前提としない仏教では、人間を苦しめる悪についても、悪魔のような存在を想定しない。心を苦しめるのは、心の外側に存在する悪魔などではなく、心自体だというのが仏教の基本的な立場である。外側にあるものなら打ち負かさなければならないが、心が心を妨げているのなら、私たちは自分の心を見つめ直していかなければならない。仏教が心理学的な側面をもつのも、あらゆるものが心から発しているという立場をとるからである。

「遠離」

仏教は現世をどうとらえてきたか

ここで「遠離《おんり》」は、一切の間違った考え方（顚倒《てんどう》）や妄想（夢想）を遠ざけるという意味で使われている。

仏教で、「おんり」と言えば、「厭離」のことが思い浮かぶ。これは、「厭離穢土《おんりえど》」という形で用いられることが多い。私たちの生きている現実の世界を穢《けが》れた場所、「穢土」として忌み嫌い、それを捨て去ることが、悟りに至り、極楽浄土に往生するための道筋だというのである。

遠離にも同じ意味があり、悟りの世界に至るには、一般的には重要とされているものを捨て去っていかなければならない。というのも、価値があるのは見かけだけのことで、それは間違いやたんなる妄想に過ぎないからだ。

仏教の基本的な考え方は、現世を否定することにある。とくにそれは仏教が誕生した初期の段階にあてはまる。後に大乗仏教が発展し、とくに中国から日本にそれが伝えられると、しだいに現実肯定の方向性が強調されるようになり、すでに述べたように、日本で中世以降に流行した天台本覚思想《てんだいほんがくしそう》になると、「穢土即浄土《えどそくじょうど》」といった考え方さえ生まれた。

『般若心経』は、十二縁起や四諦の考え方を否定することで、初期仏教からは離れたものの、本覚思想のような徹底した現実肯定にまでは至っていない。

「顛倒」

釈迦がめざした中道の考え方

「顛倒《てんどう》」とは、もともとひっくり返ることを意味するが、そこから、真理とは反対の見方、つまりは間違った考え方という意味が生まれた。

顛倒については、「三顛倒《さんてんどう》」や「四顛倒《してんどう》」、あるいは「七顛倒《しちてんどう》」や「八顛倒《はちてんどう》」がある。仏教の立場からして、あやまった見解を列挙したものである。

三顛倒は、誤った思いを抱く「想顛倒《そうてんどう》」、誤った見解に立つ「見顛倒《けんてんどう》」、誤った心のあり方をさす「心顛倒《しんてんどう》」からなっている。

四顛倒は、世の中が不変だと考える「常顛倒《じょうてんどう》」、今が楽しければよいとする「楽《らく》顛倒《てんどう》」、自分だけがよければとする「我顛倒《がてんどう》」、清らかさや美しさだけを求める「浄《じょう》顛倒《てんどう》」からなる。三顛倒と四顛倒を合わせて七顛倒という。

大乗経典の一つである『涅槃経』では、これとは別に八顛倒が説かれている。それは、四顛倒に、そのそれぞれを否定した「無常《むじょう》顛倒」、「無楽《むらく》顛倒」、「無我《むが》顛倒」、「無浄《むじょう》顛倒」を合わせたものである。

無常は仏教の基本的な認識だが、それが虚しさに至ることもある。無楽や無我、そして無浄は、世俗の生活を捨ててひたすら修行を実践する者が陥りやすい過ちであり、釈迦自身もまた、菩提樹の下で悟りを開く前に、ひたすら苦行を続け、楽や我、浄を否定しようとした。仏像のなかには、苦行によってあばら骨まで透けて見えるほどやせ細った釈迦の姿を描き出したものもある。

それに対して、八顛倒は、極端な方向性を否定する中道の考え方に通じており、それこそが、釈迦のめざした方向性なのである。

「涅槃」

『般若心経』のハイライト部分

「涅槃《ねはん》」の原語はnirvānaであり、究極的な悟りの境地を意味する。

インドでは、悟りを開くということは、つねに苦をもたらす輪廻のくり返しから脱することを意味した。そこから、人間が死ぬこと、命が終わることをも意味するようになる。そこに、仏教が死の世界と深い結びつきをもつようになる根本的な原因があった。

釈迦は、悟りを開いた後、各地を遊行し、自らの悟りの内容を弟子たちに伝えていき、多くの弟子を作る。釈迦は高齢になって亡くなり、涅槃は、釈迦の死を意味することばともなった。

釈迦の最期の様子は「涅槃図《ねはんず》」に描かれてきた。涅槃図では、釈迦の弟子だけではなく、一般の衆生やさらには動物たちまでがそこに駆けつけ、偉大な師を失ったことを嘆き悲しんでいる。

ただし、弟子のなかでも、修行を重ね、釈迦の悟りに近づいた者たちは、悲嘆に暮れてはいない。こうした描き方をすることで、涅槃図は、悟りに至るためには修行を怠らないことが重要であると説いているわけである。

涅槃の前には「究竟《くきょう》」という修飾語がつけられている。涅槃ということば自体にも究極的なものであるという意味があるが、究竟はそれをさらに強調している。

その意味で、この部分は、『般若心経』のハイライトをなしている。ここには、空や無の認識を通して究極の悟りである涅槃へと至る道筋が明確に示されている。

「三世諸仏」類を見ない仏教の壮大な宇宙観

「三世《さんぜ》」とは、仏教の世界で、過去、現在、未来を意味する。この三つのポイントで時間の流れを考えるのは、仏教に限らず普遍的なものである。ただし、仏教では「三世因果《さんぜいんが》」という考え方が説かれ、前世である過去が因として現在に影響を与え、さらにその現在が因となって未来という果を生み出すと考えられている。その点で、時間はたんに流れ去っていくだけではなく、強いつながりを有している。

これが「三世諸仏《さんぜしょぶつ》」となると、過去仏《かこぶつ》、現在仏《げんざいぶつ》、未来仏《みらいぶつ》という形をとる。

現在仏とは、悟りを開いて仏となった歴史上の存在としての釈迦仏のことをさす。ただし、釈迦仏以前にも悟りを開いて仏になった存在が六人いたとされ、それが過去仏である。それは、毘婆尸仏《びばしぶつ》、尸棄仏《しきぶつ》、毘舎浮仏《びしゃふぶつ》、倶留孫仏《くるそんぶつ》、倶那含牟尼仏《くなごんむにぶつ》、迦葉仏《かしょうぶつ》で、これに釈迦仏《しゃかぶつ》を加えて、「七仏《しちぶつ》」と言う。釈迦仏以外は、時間を超越した非歴史的な存在である。

未来仏となるのが、釈迦が入滅して後、五十六億七千万年後という途方もなく遠い未来に出現する弥勒菩薩《みろくぼさつ》である。中国や朝鮮半島、そして日本では、弥勒の出現を願う弥勒信仰が広まった。

過去仏から現在仏、そして未来仏へと果てしのない時間が流れていく。それは、仏教の空間論として生まれた「三千大千世界」という考え方とあいまって、仏教の壮大な宇宙論を形作っている。これほどダイナミックな宇宙観をもつ宗教はほかにないのではないだろうか。

「阿耨多羅三藐三菩提」
苦行ではなく、知恵によって悟りをひらく

「阿耨多羅三藐三菩提《あのくたらさんみゃくさんぼだい》」は、サンスクリット語の音写であり、漢字を追っていっても、それが何を意味するのか分からない。原語は、Anuttarā Samyaksambodhiである。漢語では、「無上正等正覚《むじょうしょうとうしょうがく》」と訳される。それは、完全なる悟りを意味する。

鳩摩羅什の訳以来、『般若心経』のほとんどの漢訳で阿耨多羅三藐三菩提が用いられているが、唯一法成《ほうじょう》の「般若波羅蜜多心経（敦煌石室本）」だけが、「無上正《むじょうしょう》

等菩提《とうぼだい》」と訳している。意味を理解しやすくするなら、この法成訳の方向をとるべきだと思われるが、音写が使われているのは、その後の部分で、真言の音写が続けて登場するからだろう。

仏教においては、原始仏教から大乗仏教に至るまで、その修行の目的は悟りを開くことにおかれている。そのため、悟りを開くことは、涅槃、解脱、往生、成仏、正覚など、さまざまな形で表現されてきた。ただ、それぞれのことばのニュアンスは微妙に異なっており、阿耨多羅三藐三菩提となると、意味がすぐに了解できない分、神秘性を有している。

『般若心経』では、三世の諸仏は、般若波羅蜜という知恵を完成することで完全な悟りに到達すると説かれ、知恵の重要性が強調されている。釈迦が苦行によっては悟りを開けないと考えるようになったのも、苦行には知恵の側面が欠けているからであろう。

「大神呪」『般若心経』の呪文としての側面

「大神呪《だいじんしゅ》」の原語は、mahā-mantraで、偉大なる真言を意味する。これは、真言の力の偉大さを強調するための表現である。

『般若心経』の基盤となった『般若経』の経典群のなかで、唯一『理趣経《りしゅきょう》』だけが密教に関連したものとなっている。『理趣経』は『般若理趣経（大楽金剛不空真実《だいらくこんごうふくうしんじつ》三摩耶《さまや》経《きょう》般若波羅蜜多理趣品）』とも呼ばれる。

密教は、「顕教《けんぎょう》」と対立する仏教の流れで、大乗仏教の展開のなかで、インドの土着宗教の神秘主義的な要素を取り入れることで成立した。『般若心経』は、真言を取り入れることで、密教的な要素を含み込んでおり、それが一般に流布するうえで大きな意味をもった。顕教という表現は、密教の存在を前提にし、密教の立場から、それ以前の仏教の教えを仮のものとしてとらえる見方にもとづくが、今日では、密教以外の仏教の教え全体を意味するものとして使われている。

『般若心経』の後半の部分では、真言がいかに価値があるものかが強調され、最後に「羯諦《ぎゃてい》　羯諦《ぎゃてい》　波羅羯諦《はらぎゃてい》　波羅僧羯諦《はらそうぎゃてい》　菩提薩婆訶《ぼじそわか》」という真言そのものが引用されている。

ただし、この真言は、文法的には正確ではなく、俗語的な表現だと言われる。岩波文庫版の『般若心経』では、gate gate pāragate pārasamgate bodhi svāhā という形に復元され、「往ける者よ、往ける者よ、彼岸に往ける者よ、彼岸に全く往ける者よ、さとりよ、幸いあれ」と訳されている。だが、文法的に正確でない以上、ことばの意味がどれだけ重要かは分からない。むしろ、この部分は呪文として受け取られており、意味の理解は必ずしも必要ではない。

「不虚」
『般若心経』のなかにある大いなる疑問

「不虚《ふこ》」とは、虚しくないという意味で、『般若心経』ではその前に「真実」ということばがつけられている。何が真実で虚しくないかと言えば、それが真言なのである。

『般若心経』の全体は二つの部分に分けられる。分け方としてはいろいろと考えられるが、とくに際立った違いを見せているのが、「故知般若波羅蜜多《こちはんにゃはらみった》」以下の部分であり、真言を含む点で密教的な性格を示している。

『般若心経』の前半の部分では、空や不、無という表現が使われ、あらゆるものには実体がないことがくり返し強調されている。それは、「皆空《かいくう》」ということばに集約的に表現されている。すべてが空である以上、何かにこだわったり、執着したり、欲望を抱いたりすることには意味がないことになる。

ところが、「故知般若波羅蜜多」以下では、それとはまったく対称的なことが説かれている。真言については空だとはされていない。むしろ、無上であり、無等であり、真実で、虚しいものではない点が強調されている。

それは、悟りの価値を強調した部分に続いており、すべてを空とする究極の悟りについては空ではないということになるのかもしれない。

だが、果たして真言は空ではないのか。そうした疑問が最後に浮かんでくる。つまり、『般若心経』は、内容的に根本的な矛盾を抱えている経典ではないかとも考えられるのである。

それは、『般若心経』だけのことにとどまらない。空の理論を説く大乗仏教は、本来、実在を否定する立場だが、密教になると、実在を肯定している。そこには、密教が形成されるうえで強い影響を与えたインドの宗教思想の実在論が関係している。実在論の立場をとる密教を、果たして実在論を否定する仏教のなかでどう位置づけるのか、それは極めて重要な論点なのである。

第3章

現代語に訳すと見えてくる「悟りの世界」

経典につけられた題名の意味

「仏説《ぶっせつ》摩訶《まか》般若《はんにゃ》波羅蜜多《はらみった》心経《しんぎょう》」

経典のタイトルになる題目はとても重要である。鎌倉新仏教の宗祖の一人である日蓮《にちれん》は、『法華経』にこそ釈迦の真実の教えが記されているという立場をとり、経題である「妙法蓮華経《みょうほうれんげきょう》」の五字に、そのエッセンスが示されているという立場をとった。

『仏説摩訶般若波羅蜜多心経』という経題については、「仏説」、「摩訶」、「般若波羅蜜多」、そして「心経」の四つの部分に分けて考えてみる必要がある。

仏説とわざわざふったのは、『般若心経』が「如是我聞」という通常の経典のスタイルをとっていないので、釈迦による説法の内容であることを改めて強調するためである。

摩訶は、その内容の偉大さを表現している。

核になるのは般若波羅蜜多の部分である。般若は完全なる知恵を意味し、波羅蜜多は彼岸《ひがん》に到達することを意味する。この場合の彼岸とは、悟りを開いた者のおもむく世界であり、全体で、知恵の力によって悟りを開くという意味になる。

心経の心には、心とともに真髄、エッセンスの意味がある。短い『般若心経』には、膨大な『般若経』のエッセンスが込められていることを示しているとともに、心という事柄について重要なことが語られているとも解釈できる。

この経題は、仏教がめざす悟りの世界へいかにして心が至るか、その道が凝縮されていることを示しているのである。

菩薩が登場する冒頭部

観自在菩薩《かんじざいぼさつ》　行深般若波羅蜜多時《ぎょうじんはんにゃはらみったじ》

○訳文

「求道者である観音菩薩は、深遠な知恵の完成をめざして、その実践をしていたとき」

経題に「仏説」とあるように、『般若心経』の本文で語られていることは、すべて釈迦のことばである。その釈迦が、観世音菩薩が修行をしていたときのことに言及している。それが冒頭の設定である。

観世音菩薩は、普通、観音菩薩と略称され、庶民のあいだでも厚い信仰を集めてきた。観音菩薩は変化し、あらゆる衆生を救おうとする存在である。変化観音の一つ、千手観音に千本もの手があるのは、それだけ多くの衆生を救うことを、観音菩薩自身が強く求めている証しである。

観世音菩薩と漢訳したのは鳩摩羅什で、『法華経』を訳したときに、その語を用いた。その鳩摩羅什は、『般若心経』では観自在菩薩と訳している。観自在は、観と自在に分かれ、自由自在に観ることができるという意味になる。

そうした力を有する観音菩薩が、『般若心経』の核心にある般若波羅蜜多について深く行じていた時というのは、釈迦の悟りがいかなるものなのか、たんにその内容について考えるのではなく、自らも深い瞑想に入り、そのなかで悟りの内容を把握していったことを意味する。

人々を救うには、その前提として、釈迦の悟りの内容を理解しなければならない。そこにこそ、どうやって衆生を救ったらいいのか、その鍵が示されている。観音菩薩は、悟りを開いて自分だけが涅槃に入ってしまうのではなく、他者を救う菩薩道を実践する道を選択したのである。

付け加えられた重要な一文が意味すること

照見《しょうけん》五蘊《ごうん》皆空《かいくう》　度《ど》一切《いっさい》苦厄《くやく》

○訳文

「すべての存在を構成している五つの要素がみな実体のないものであることを認識し、いっさいの苦悩やわざわいを超越することができた」

この箇所で一つ問題になるのは、「度一切苦厄」の部分である。というのも、サンスクリット語の梵本にはこの部分がまったく欠けているからである。この部分は、最初に『般若心経』を漢訳した鳩摩羅什が付け加えたものである。これは重要なポイントである。

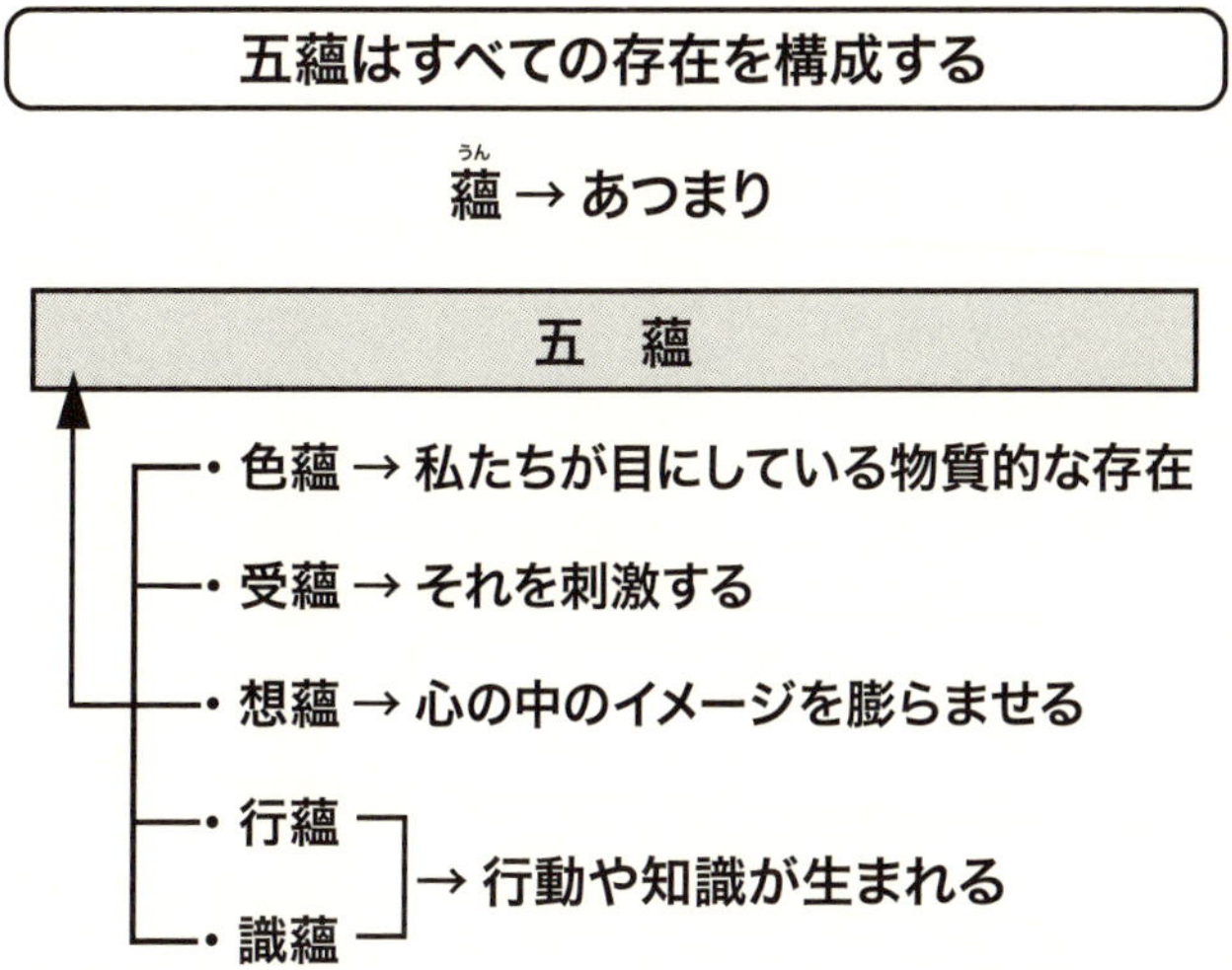

五蘊《ごうん》はすべての存在を構成する五つの要素で、色蘊《しきうん》、受蘊《じゅうん》、想蘊《そううん》、行蘊《ぎょううん》、識蘊《しきうん》からなっている。私たちが目にしている物質的な存在が色で、それは形や色をもつために、私たちを刺激し、私たちの心のなかにイメージを膨らませる。それによって、行動や知識が生まれるというのが、五蘊の働きである。観音菩薩は瞑想のなかで、その五蘊が、実はまったく実体をもたないもの、つまりは空であると認識したというのである。

ある意味、『般若心経』の結論は、ここに尽きている。すべては実体のない空であるということが、『般若経』全体の核心となる教えだからである。

しかし、それだけを言うのであれば、哲学的な認識としては成立するものの、一般の庶民は救われない。インドの人間はそれで満足するかもしれないが、仏教に実際的な利益を求める中国の人間は満足しない。

そこで鳩摩羅什は、「度一切苦厄」と付け加え、空であると認識することが苦を克服することに結びつくことを示そうとした。もしこの部分が付加されなかったとしたら、『般若心経』には、救いの方向が示されず、これほど庶民の信仰を集めなかったかもしれない。

「色即是空 空即是色」を翻訳する

舎利子《しゃりし》　色不異空《しきふいくう》　空不異色《くうふいしき》　色即是空《しきそくぜくう》　空即是色《くうそくぜしき》

○訳文

「我が弟子であるシャーリプトラよ、物質的現象は実体のないものにことならず、実体のないものは物質的現象にことならない。物質的現象はまさに実体のないものであり、実体のないものこそがまさに物質的現象なのである」

ここに出てくる「色即是空　空即是色」ほど人口に膾炙《かいしゃ》した仏典のことばはないかもしれない。それは、たんに『般若心経』の思想を端的に表現したものにとどまらず、仏教全体の教えを集約したものとして理解されている。

舎利弗《しゃりほつ》（子《し》）は、釈迦の十大弟子の一人で知恵第一と言われた。知恵こそ『般若心経』の教えの核心であり、『般若経』全体のテーマである。釈迦は、その舎利弗に対して、観音菩薩の瞑想の内容が意味するところを説き明かしていく。

色は、色や形をもつもの、つまりはこの世に存在するすべての物質的な存在をさす。それは、実体のない空にほかならない。

ただ、そうした空についての認識に終わらないのが『般若心経』の特徴である。今述べた表現が逆転され、実体のない空は物質的な存在を生む根源にほかならないということが指摘されている。

さらに色と空とは、是即ということばでイコールに結ばれている。色と空との密接不可分な関係性が、これによって強調されているわけである。

私たちは目に見えるものは実体をともなっていると考える。ところが、それが空だというのが『般若心経』の認識である。しかも、その認識はまったく揺るがない。確固とした真理として提示されている。ここにおいて、私たちの常識的な見方は根本から覆されるのである。

日本人が感じる無常感と「空」

受想行識《じゅそうぎょうしき》　亦復如是《やくぶにょぜ》

○訳文

「そして、物質的現象とともに、すべての存在を構成している他の四つの要素である人間の感覚も、イメージも、こころの働きも、さらには知識も、物質的現象の場合とまったく同じなのである」

色も五蘊の一つであり、その出発点である。受想行識も復と言われているのは、五蘊のうちの残りの四つも空と同じ関係をもつからである。

つまり、「受不異空　空不異受　受即是空　空即是受」となり、想、行、識についても同じことになる。それが省略されているわけである。

物質的な存在が実体のない空であるのなら、そうした存在にふれることで起こる私たちの感覚も同様に空である。そして、イメージも、心の働きも、さらには知識も、すべてが空である。空であるからこそ、私たちは何かを感じ、イメージを膨らませ、心を働かせて、それを知識として定着させていくことになる。

ある意味、これほど身もふたもない表現もない。たしかに実体のないものに執着することには意味がなく、ただ苦しみだけを募らせることになる。執着をしなければ、心が乱され、煩悩を抱くこともない。こうした部分にかんしては、インドの人々と日本人とでは受け取り方が異なっている。インドの人々はそれこそが真理であると考え、そこに救いを見いだしていった。

ところが日本人は、すべてが実体のない空であると教えられると、そこに虚しさやうつろいやすさ、つまりは無常を感じてしまう。その精神を巧みに表現したのが「諸行無常」ということばであり、日本人はそこに仏教の教えの本質を見いだそうとしてきたのである。

すべてのものは変化しない

舎利子《しゃりし》　是諸法空相《ぜしょほうくうそう》　不生不滅《ふしょうふめつ》　不垢不浄《ふくふじょう》　不増不減《ふぞうふげん》

○訳文

「シャーリプトラよ、いっさいの存在するものは実体のないことを特徴としており、生じることもなく、滅することもなく、汚れることもなく、清まることもなく、増えることもなく、減ることもない」

ここで言う「諸法」とは、すべての存在要素、事物を意味する。それが、性質（相）として空だというのだ。意味としては、「色不異空」や「色即是空」と変わらない。

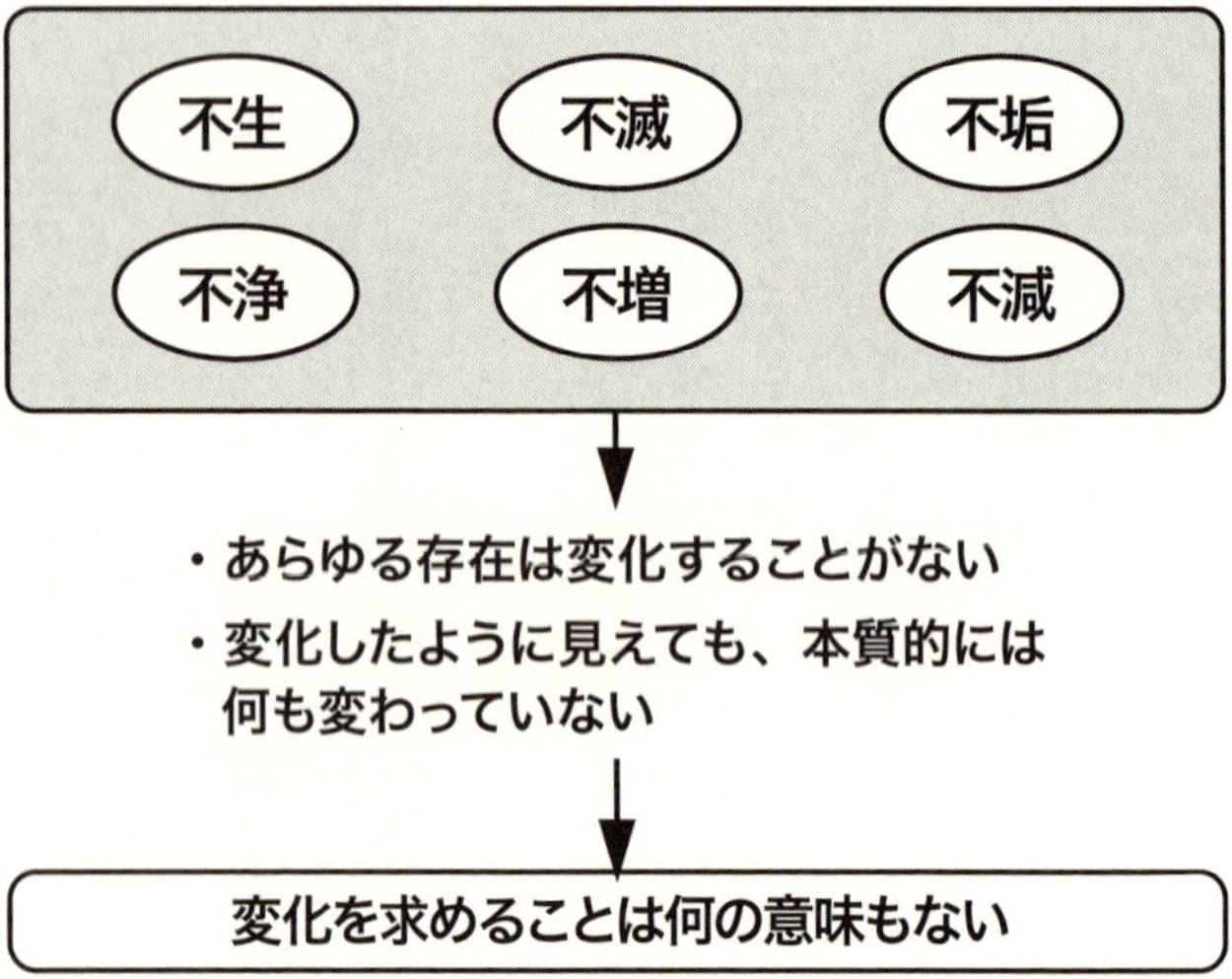
不生
不滅
不垢
不浄
不増
不減
・あらゆる存在は変化することがない
・変化したように見えても、本質的には何も変わっていない
変化を求めることは何の意味もない

これは、仏典にかぎらず、あらゆる宗教の聖典に共通して言えることだが、教えのなかで重要な事柄は、そのなかで何度もくり返される。しかも、角度を変え、さまざまな側面から同じ趣旨のことが教え諭される。それによって、聖典に接する者の理解は深められていくことになる。

その後の部分では、「不」という動作を否定することばが六回続けて使われ、あらゆる存在は、生じることも、滅することも、汚れることも、清まることも、増えることも、減ることもないと説かれる。

すべては空なのだから、そこに変化が起こることはあり得ない。変化が起こっているように見えたとしても、それはうわべだけのことにすぎない。あるいは、悟っていない人間にそう見えるだけで、本質は何も変わっていない。

そうであれば、変化を求めることには何の意味もない。それは、すべてが空であるという認識を欠いたところに生まれる煩悩に過ぎないのだ。

けれども、『般若心経』は、煩悩との結びつきについては直接語らない。ただ、存在のありようを冷静に説明しているだけなのだ。そのクールな構えも、『般若心経』の一つの魅力になっている。

込められた大乗仏教のエッセンス

是《ぜ》故《こ》空中《くうちゅう》無色《むしき》　無受想行識《むじゅそうぎょうしき》　無眼耳鼻舌身意《むげんにびぜつしんい》　無色声香味触法《むしきしょうこうみそくほう》

無眼界《むげんかい》　乃至《ないし》無意識界《むいしきかい》

○訳文

「このために、実体のない状態においては、物質的現象もなく、感覚もなく、イメージもなく、こころの働きもなく、知識もない。また、目や耳や鼻や舌やからだや思いといったものもなく、それが対象とする形も音も香りも味も、触ったり、思ったりすることのできる対象もない。さらに、目で見える世界も、意識の世界もない」

「是故空中」とは、これゆえに、実体のない空においてはという意味である。すべてが空であるならば、この世界には、実体をもつ確固としたものなど存在しない。

ここで注意しなければならないのは、無であるとされているものが、五蘊《ごうん》・十二処《じゅうにしょ》・十八界《じゅうはっかい》からなる「三科《さんか》」と呼ばれるものだという点である。三科は、部派仏教（上座部仏教《じょうざぶぶっきょう》）における認識の体系である。

三科を無として否定することは、部派仏教自体を否定することにつながる。これは、『般若経』が、部派仏教の教義の体系が成立したあとに作られ、その目的の一つが部派仏教批判におかれていたことを意味する。『般若心経』に大乗仏教のエッセンスが込められていると考えられるのも、こうした部派仏教批判を含むからである。

部派仏教の教えのなかには、仏教のもっとも古い教えが残されているとされ、それはやがて、南アジアや東南アジアに広がり、今日にまで伝えられてきた。

ただ、部派仏教は保守的で、個人の心の世界のありようを詳細に分析していったものの、空のような、世界全体をまるごと実体のないものとして否定的にとらえる大胆な思想的な営みには欠けていたのである。

迷いや悩みからいかに解放されるか

無無明《むむみょう》　亦無無明尽《やくむむみょうじん》　乃至無老死《ないしむろうし》　亦無老死尽《やくむろうしじん》

○訳文

「そして、迷いもなく、迷いが尽きることもない。また、老いることも死ぬこともなく、老いることや死ぬことが尽きることもない」

部派仏教の基本的な認識である三科を否定した『般若心経』は、次に「十二縁起」を否定していく。そうしたものは無であり、実在しないというのだ。

十二縁起は、十二因縁とも呼ばれ、人間の迷いや悩みがどういったプロセスを経て生み出されてくるかを説いたものである。ここでは、十二縁起の出発点となる無《む》明《みょう》と、終点である老死だけが否定されている。その途中の行《ぎょう》、識《しき》、名色《みょうしき》、六入《ろくにゅう》、触《そく》、受《じゅ》、愛《あい》、取《しゅ》、有《う》、生《しょう》については省略されている。本来なら、「無無明　亦無無明尽」の後に、「無行　亦無行尽」と続き、十二縁起全体について語られていくはずである。

無明とは根源的な無知のことであり、部派仏教では、そこに迷いや悩みの根本があるという立場をとる。根源的な無知があるからこそ、人間は最終的に生まれることや老いること、病むこと、そして死ぬことに悩んだり苦しんだりしなければならなくなる。

部派仏教は、無知を克服すれば、悟りに至り、迷いや悩みから解放されるという立場をとるが、『般若心経』は、無明自体を否定し、無明から解き放たれる悟りをも否定する。やはり『般若心経』は、部派仏教に対する根源的な批判であり、否定なのである。

悟りの実現に執着してはいけない

無苦集滅道《むくしゅうめつどう》

○訳文

「苦しみも、苦しみの原因も、苦しみを滅することも、苦しみを滅するための方法もない」

部派仏教の教えに対する批判の最後が、この「無苦集滅道」の箇所である。

初期の仏教においては、釈迦の悟りの根幹に「四諦《したい》」の教えがあるととらえた。四諦とは、四つの真実、四つの真理の意味で、それは、苦諦《くたい》、集諦《じったい》、滅諦《めったい》、道諦《どうたい》からなっている。

苦諦とは、人間が生きる上ではさまざまな苦に遭遇しなければならないという真理をさす。仏教で言われる苦は「四苦八苦」としてまとめられているが、生まれることから死ぬことまで、あるいは愛する者と別れることや求める対象を得られないことなど、あらゆることが苦に結びつく。その苦がいったいどういう原因によって生み出されてくるのかを明らかにするのが集諦であり、その究極的な原因は煩悩に求められる。

煩悩を断ち切ることで、悟りに至れるとするのが滅諦である。

道諦は、いかに悟りに至り、心の平安を得るかの具体的な方法を意味し、その方法は「八正道《はっしょうどう》」という形で示される。

仏教の修行者は、この四諦の教えにもとづいて修行を実践していくわけだが、『般若心経』は、四諦そのものを否定する。それも、四諦にこだわり、悟りの実現に執着してしまっては、かえって真理から遠ざかると考えるからである。その真理とは、すべては空だという認識にほかならない。

知恵の主体が無であれば、知恵も無である

無《む》智《ち》亦《やく》無《む》得《とく》　以《い》無《む》所《しょ》得《とく》故《こ》

○訳文

「知恵もなく、体得すべきものもない。体得すべきものがないので」

三科、十二因縁、四諦という初期仏教、ないしは上座部仏教における基本的な教えの根幹を次々と否定してきた『般若心経』は、ついに知恵をも否定するに至る。『般若心経』が問題にしている般若には完全なる知恵の意味があり、この経典は、それがいかなるものなのかを説いてきたはずである。

ところがここで、その知恵が否定される。これは大いなる矛盾なのではないか。

そう思われるかもしれない。

だが、あらゆるもの、あらゆる事柄を空としてとらえる『般若心経』の立場からすれば、物事を認識する知の主体や、知という行為そのものも空であり、無であるはずである。この箇所は改めてそれを示している。

知の主体である人間は、同時に煩悩を生む主体でもある。私という存在がなければ、苦しむことも悩むこともなくなる。私という主体が存在しなければ、私が何かを認識して、何かを得るということもない。

常識の世界では実在すると考えられているものが、さらには、『般若経』が登場するまで重視されてきた仏教の教えが次々と否定されていくことは、ひどく爽快なことである。

法隆寺に伝わる『般若心経』の梵本では、「以無所得故」の部分が欠けている。実際、これが前の部分にかかるのか、後の部分にかかるのかは曖昧である。あるいは、無視してもかまわない箇所なのかもしれない。

経典のなかからわきあがる疑問

菩提薩埵《ぼだいさった》　依般若波羅蜜多故《えはんにゃはらみったこ》　心無礙罣無罣礙故《しんむげけいむけいげこ》　無有恐怖《むうくふ》　遠離一切《おんりいっさい》
顛倒夢想《てんどうむそう》　究竟涅槃《くきょうねはん》

○訳文

「求道者は、知恵の完成によって、こころに障害がなくなる。こころに障害がないから、恐れもなく、正しく見ることを妨げる迷いを離れて、永遠の平和を極めるのだ」

「菩提薩埵」とは、菩薩のことである。菩薩は悟りをめざして修行する者を意味するとともに、自分だけが悟りを開いて涅槃に入ってしまう手前でとどまり、衆生の救済にあたる存在のことをさす。だからこそ、さまざまな形をとった菩薩が、仏像や仏画として表現され、信仰の対象とされてきた。

その菩薩は、完全なる知恵によって悟りの世界に到達しているために、心に障害がない。つまりは煩悩を抱くことがない。煩悩がなければ、何かを恐れるということもなく、迷いを離れて正しく物事を見極められるのだから、輪廻のくり返しから解脱し、永遠の平和に入ることができるというのだ。

意味としてはそういうことだが、このプロセスと、『般若心経』がそこまでの部分で否定してきた初期の仏教における修行の過程とがいったいどこで違うのか、どうしてもそうした疑問がわいてくる。

すべてが空であるならば、菩薩も空であり、涅槃自体も空であるはずである。

そう考えると、私たちは混乱してしまう。いったい『般若心経』は、私たちに何を伝えようとしているのか。それは本当に一貫した教えを伝えようとしてくれているのか。ここまで経文を丹念に読み進めてくるならば、そこで言われている事柄が決して単純なものでないことが認識されてくるはずである。

すべてが空であるなら「知恵」は存在するのか

三世諸仏《さんぜしょぶつ》　依般若波羅蜜多故《えはんにゃはらみったこ》　得阿耨多羅三藐三菩提《とくあのくたらさんみゃくさんぼだい》

○訳文

「現在、過去、未来にわたる三世の仏たちは、知恵を完成することによって、このうえない完全な悟りを体得している」

「三世」とは、過去、現在、未来のことをさし、「三世諸仏」とは、釈迦以前に悟りを開いた過去仏《かこぶつ》、現在仏《げんざいぶつ》としての釈迦、そして未来に悟りを開く未来仏《みらいぶつ》のことをさす。つまり、仏と言われる存在は皆、知恵によって彼岸に赴き、完全な悟りの状態に入っているというわけだ。

これは、『般若心経』で言われてきたことをまとめたものとして理解できる。つまり、『般若心経』がめざす悟りがいかなるものなのか、改めてそれが般若波羅蜜多と結びつけられているのだ。

ここも、前の箇所と同様に、実は理解することが難しい。般若波羅蜜多は果たして実在するのか、それも空であり、無なのではないのか。そういう疑問がわいてくるからである。

『般若心経』の冒頭では、観音菩薩がすべては空だという認識を得たとされているが、漢訳した鳩摩羅什は、認識論にはとどまらず、それによって苦が消滅するということばを挿入した。それも、この部分があるからだろう。

あらゆるものが空であり、無であるというのが『般若心経』の根幹となる認識であり、教えである。その認識は、究極的な悟りへと至るはずである。

だが、すでに悟りの主体もまた空として否定されている。そうなると、菩薩や三世諸仏は、般若波羅蜜多によって、そのまま悟りの世界へ導かれた、あるいはそもそもその世界にいるのだとしたほうが矛盾なく理解できるのかもしれない。

内容が一転する後半部

故《こ》知《ち》般若《はんにゃ》波羅蜜多《はらみった》　是大神呪《ぜだいじんしゅ》　是大明呪《ぜだいみょうしゅ》　是無上呪《ぜむじょうしゅ》　是無等等呪《ぜむとうどうしゅ》

○訳文

「それゆえに、以下のことを理解すべきである。知恵の完成は真言（マントラ）であり、偉大な悟りの真言であり、このうえないすばらしい真言であり、他に比べることのできない真言なのである」

『般若心経』では最後に至って、新たに「呪《しゅ》」ということばが登場する。呪ということばから、私たちは呪文を想像するが、ここで言う呪とは、密教で説かれる「真言」のことである。般若波羅蜜多は真言であり、それは大神呪《だいじんしゅ》であり、大明呪《だいみょうしゅ》であり、無上呪《むじょうしゅ》であり、無等等呪《むとうどうしゅ》だというのである。

大神呪のもとになったサンスクリット語は、mahā-mantraで、偉大で神秘的な力をもつ真言を意味する。

大明呪は、mahā-vidyā-mantraのことで、明は、無明《むみょう》の反対をさす。無明とは根源的な無知を意味するから、明とは悟りに結びつく知の備わった状態をさす。だからこそ、偉大な悟りの真言と訳すことができる。

無上呪は、anuttara-mantraのことで、このうえなくすばらしい真言をさす。

無等等呪は、asamasama-mantraのことで、やはり他に比べることのできない真言を意味する。

それまで空や無が説かれていた『般若心経』の最後の部分においては、一転して密教にかかわる教えが説かれる。もちろん、密教は、大乗仏教が発展し、土着のインドの宗教と習合することで生まれた信仰の形態であり、大乗仏教は密教に行き着いたという解釈もできる。実際、後で述べるように、空海などは、そうした解釈をしている。

『般若心経』の矛盾と対立点

能除一切苦《のうじょいっさいく》　真実不虚《しんじつふこ》　故説般若波羅蜜多呪《こせつはんにゃはらみったしゅ》

○訳文

「いっさいの苦しみを取り除く、真実なるものであり、虚しいものではない。知恵の完成は、真言を説く」

ここは、『般若心経』全体からすると、大いに問題をはらんだ箇所である。

その前の部分で、般若波羅蜜多が偉大なる真言であることが強調されており、それを受けて、一切の苦を取り除くと言われている。苦については、すでに最初にある「度一切苦厄《どいっさいくやく》」の部分にあらわれていたが、これは漢訳者の鳩摩羅什が加えたものであった。梵本では、ここだけに苦が登場する。鳩摩羅什が、「度一切苦厄」を付け加えたのも、この箇所をもとにしてのことだろう。

苦から解き放たれると説くことで、『般若心経』は、般若波羅蜜多の効用について述べている。効用について述べること自体が空の教えからすれば矛盾している。だが、さらにここでは、般若波羅蜜多の真言が真実なるものであり、虚しいものではないとされている。

すべてが空である世界において、果たして真実なるもの、虚しくないものがあり得るのだろうか。『般若心経』はその前の部分とこの終わりの部分で、まったく違う教えを示している。

空の教えはすべての実体を否定するが、密教は、神秘的な力を実体をもつものとしてとらえる。その対立と矛盾が、まさにここに示されている。その点は極めて重要な問題をはらんでいる。また逆に、そうした矛盾があるからこそ、『般若心経』は強い魅力を放ってきたとも言えるのだ。

多くの人々を魅了する呪文の響き

即説呪日《そくせつしゅわつ》　羯諦《ぎゃてい》　羯諦《ぎゃてい》　波羅羯諦《はらぎゃてい》　波羅僧羯諦《はらそうぎゃてい》　菩提薩婆訶《ぼじそわか》

般若心経《はんにゃしんぎょう》

○訳文

「その真言とは『羯諦　羯諦　波羅羯諦　波羅僧羯諦　菩提薩婆訶』である。

これこそが、完璧な悟りに至るための真髄である。」

『般若心経』ということを聞くと、誰もが「色即是空《しきそくぜくう》　空即是色《くうそくぜしき》」の箇所とともに、「羯諦《ぎゃてい》　羯諦《ぎゃてい》」のことを思い起こす。それほど、この真言の発する音は印象的である。

真言は呪文の一種であり、重要なのはその意味ではない。むしろ、聞いただけでは意味がはっきりしないほうが神秘的で、特別な力を秘めているように思えてくる。

したがって、真言は、原文のサンスクリット語を音写したままの形をとる。それは、『般若心経』の真言に限らず、真言全般に言える。もしこの真言が漢訳されていたら、『般若心経』の魅力は一挙に失せていたかもしれない。

岩波文庫版の訳についてはは紹介したが、『仏教』や『日本の仏教』などの著作がある渡辺照宏は、「到《いた》れり、到れり。彼岸に到れり。彼岸に到着せり。悟りめでたし」と訳している。この訳文からすれば、悟りに至ったことのこのうえない喜びが表現されたものととらえることができ、『般若心経』全体の趣旨とは合致している。

ただ、悟りの境地が絶対的な心の平安として考えられていることからすれば、そこに到達した者があからさまに喜びを表現することはないようにも思われる。

そして、改めて最後に、経題が掲げられている。短い経文だが、その内容は複雑で、重要な教えを含んでいるのである。

全文を現代のことばに直してみる

さて、ここまでの解説を踏まえて、般若心経の全文を現代風に訳してみよう。

『釈迦によって説かれた完璧な悟りに至るための偉大な知恵の真髄について示した経典』

菩薩とは、自ら解脱に至るための修行を実践し、解脱に至る手前まで行っていながら、もし自分が解脱し、涅槃に入ってしまったら、まだ解脱に至らない一般の人々を救うことができないと考え、その境涯にとどまっているありがたい存在である。

菩薩のなかでも、もっとも一般の人々のことを考え、さまざまな手段を使ってそれを救おうとしているのが、自由自在に観る力を有している観世音菩薩にほかならない。

その観世音菩薩が、勝れた大いなる知恵によって悟りの世界へと至る道について、それを深く究めようとしていたときのことである。

観世音菩薩は、「小乗仏教」においては、人間の認識作用の集まりとして重視されていた「五蘊《ごうん》」ということについて考えを進めていった。

五蘊とは、「色蘊《しきうん》」、「受蘊《じゅうん》」、「想蘊《そううん》」、「行蘊《ぎょううん》」、「識蘊《しきうん》」からなるものだが、色蘊とは目に見える物質・現象をさし、受蘊とはそれを刺激として受け止めることを意味する。想蘊はその刺激を元にイメージをふくらませることを意味し、行蘊はそのイメージによって生じる心の動きをさす。それによって定着する知識や認識をさして識蘊と言う。

観世音菩薩は、そうした人間の認識作用の集まりが、実体をもたない「空」であると見抜いた。

多くの人たちは、この世に存在する物質や現象、出来事はすべて実体を伴ったものであり、それが実在すると考え、それにとらわれている。

小乗仏教の段階においても、そうした見方が有力であったが、私（釈迦）の悟りがいかなるものかを徹底して考えていくならば、到底すべてが実体を伴っていると認識したはずはなく、あらゆるものには実体が伴っていないと考えたことがわかるはずである。それこそが、偉大なる乗り物、「大乗」の意味するところである。

観世音菩薩は、こうした大乗仏教の考え方の上に立って、五蘊がすべて空であるという認識に到達した。それによって、観世音菩薩は、いっさいの苦悩やわざわいを乗り越えることができた。

これは、小乗仏教を含めて、天竺《てんじく》（インド）で説かれた教え全般に言えることだが、そこでもっとも重視されたのは、人間は苦悩する存在であるということであり、宗教の目的は、その苦悩からいかに逃れるかにおかれてきた。

苦とは、生老病死からなる「四苦」や、それを発展させた「四苦八苦」からなるが、人間の認識作用をすべて空であると見定めるならば、苦そのものが存在しないことになり、それをおのずと乗り越えてしまえるのである。

私（釈迦）の忠実なる十人の弟子の一人で、知恵においてはもっとも勝れていると言われたシャーリプトラよ、よく聞くがよい。

私たちの眼の前に存在しているかのように見えるあらゆる存在、現象、出来事はすべて実体をもたないもの、すなわち空であり、空であるものは実体をともなっているものと少しも変わるところがないのだ。

改めて言うが、色はそのまま空であり、空はそのまま色である。すべての存在や現象は実体を伴っているかのように見えて、実はまったくそれを伴っていない。反対に、実体を伴っていないがゆえに、森羅万象が生み出されてくるとも言えるのだ。

今は五蘊のうち色についてだけ述べたけれども、これは、後の四つの作用である受想行識についてもあてはまる。「受《じゅ》不《ふ》異《い》空《くう》　空《くう》不《ふ》異《い》受《じゅ》　受《じゅ》即《そく》是《ぜ》空《くう》　空《くう》即《そく》是《ぜ》受《じゅ》」であり、「識《しき》不《ふ》異《い》空《くう》　空《くう》不《ふ》異《い》識《しき》　識《しき》即《そく》是《ぜ》空《くう》　空《くう》即《そく》是《ぜ》識《しき》」なのである。

五蘊がすべて空であると見なすことができるならば、ここで改めて述べる必要もないのだが、人間は自分が見たものや、感じた事柄にとらわれ、それに心を奪われて、あらゆるものが実体を伴っていると考えてしまいがちである。そして、そのことを疑ってみようともしない。

しかし、深い知恵によって世界のありようを見定めていくならば、あらゆるものは空であると考えないわけにはいかないのだ。

シャーリプトラよ。

いっさいの存在が実体を伴わない空であるという認識に立つならば、何か物事が生み出されていくこともなければ、何か物事が消滅していくこともないことになる。

一般の人たちは、何か物事がきたなく汚れたり、浄まったりすることがあると考えているようだが、そうしたこともあり得ない。

あるいは、物事が増えていったり、逆に減っていったりすることもない。人々は、物事が生み出され、それが浄まり、増えていくことに価値を見いだすが、そうしたこと自体あり得ないことなのだ。逆に、物事が減ったり、汚れたりすることもないのだから、それに煩わされる必要などまったくない。

すべてが空である以上、感覚的な作用が起こらないのはもちろんのこと、それを受け止める眼や耳、鼻、舌、体、そして心といったものも存在してはいない。色もなければ、声も、香りも、味も、触覚も、精神の働きさえもが存在しないのだ。

要するに、小乗仏教で言われている「五蘊《ごうん》・十二処《じゅうにしょ》・十八界《じゅうはっかい》」からなる認識論自体、すべてが空であり、無である以上、成り立ちようがない。それがあるかのように考えるのは誤りであり、それにとらわれてしまっては、世界の本質を見定めることなど不可能である。

小乗仏教においては、人間が老いて、死ぬことに苦を感じるのは、「十《じゅう》二縁起《にえんぎ》」によるものと考えられ、その根源には根本的な迷い、無知があるとされてきた。それこそが「無明《むみょう》」である。

しかし、すべてを空と見なす大乗仏教の立場からすれば、老いも死も存在しないし、そこへ至る十二縁起も存在しない。そして、根源的な無知としての無明も存在しないことになる。

十二縁起とともに説かれてきたのが、苦についての真理である「四諦《したい》」である。人生の根底には苦があり、苦の生じてくる原因を断ち切ることで、心の平安が得られるとし、苦行や快楽にも流れることがない「中道」として「八正道《はっしょうどう》」の実践の必要が説かれてきた。

しかし、やはり大乗仏教の空の立場からすれば、苦自体が存在しない。苦が存在しなければ、それを断ち切り、心の平安を得る必要もない。

小乗仏教では、認識すること、知ることの重要性が説かれるが、それもまた空であり、そうしたものが実在しない以上、それにとらわれる必要もないのである。

結局のところ、すべては空であるということに尽きている。その点さえ明確であれば、ほかのことはまったく必要とはされない。それほど、大乗仏教における空の考え方は決定的な重要性をもち、究極の教えだと言えるのである。

菩薩という存在は、悟りへと至る勝れた大いなる知恵によっているがゆえに、その心はまったく自由であり、あらゆる事柄に縛られたり、妨げられたりすることがない。自由であるということは、恐怖の対象が存在しないことを意味する。一般の人々はすぐに恐れを抱き、それによって心を乱すが、菩薩には、そうしたことは起こり得ないのだ。

菩薩は、世の中にはびこっているあらゆる間違った認識や妄想に振り回されることがなく、そこから一歩距離をおいているので、究極の悟りの境地へ到達することができる。

それはまさに、私（釈迦）よりもはるか昔に悟りを開いた毘婆尸仏《びばしぶつ》、尸《し》棄仏《きぶつ》、毘舎浮仏《びしゃふぶつ》、倶留孫仏《くるそんぶつ》、倶那含牟尼仏《くなごんむにぶつ》、迦葉仏《かしょうぶつ》といった「過去仏《かこぶつ》」が悟ったことである。

私の悟りも、その内容においては、過去仏の悟りと変わらない。そして、私によって救いの道へと導かれることのなかった者たちに対しては、五十六億七千万年後に必ずや弥勒菩薩があらわれ、悟りがいかなるものであるのかを示してくれるであろう。

過去仏も、現在仏である私も、未来仏も、すべては空であるという真理を体得し、それによって悟りを開いた。

あらゆる存在は、心の平安を得るために、こうした仏の歩んだ道を進んでいけばいい。そこにこそ悟りがあり、そこにしか悟りはないのだ。

ここまで説いてきたことから明らかなように、完全なる悟りへと至る大いなる知恵こそがすべてである。それは、真言密教において説かれるもっとも優れた「真言」である。

それ以上に優れた真言は存在しない。それ以上に力のある真言、価値において勝る真言はない。ほかの真言とは比較にならないものなのである。

そうである以上、悟りへと至る大いなる知恵は、あらゆる苦を消滅させてしまう。その点で、虚しいものではなく、確固としたものなのである。

では、その完全なる悟りへと至る大いなる知恵の真言を示しておこう。

それが、「羯諦《ぎゃてい》　羯諦《ぎゃてい》　波羅羯諦《はらぎゃてい》　波羅僧羯諦《はらそうぎゃてい》　菩提薩婆訶《ぼじそわか》」である。

この真言を唱えることによって、誰もが私（釈迦）の説いてきた真理を知ることができ、この世界がすべて空であることを理解していく。

そして、菩薩の境地に到達し、この世に仏の世界をあらわすことができる。それによって、あらゆる存在が完全なる悟りへと至るのである。

この得難い真理を伝える経典こそが、この『般若心経』にほかならない。この経典には、私の示した教えの真髄が余すところなく示され、そこに至るためにどういった道筋をたどればいいかが示されている。『般若心経』は、私のすべてなのだ。

第４章

ままならない「自分の心」とどう向き合うか

日本人にとってもっとも一般的なお経

経典と言えば、それは仏教の僧侶が唱えるものだ。普通はそのように考えられている。

仏教の世界では、「出家」と「在家」とが区別されていて、世俗の世界を捨て、もっぱら仏教の修行を実践しようとする人たちが出家と呼ばれている。要するに僧侶のことである。

それに対して、仏教への信仰はもっているものの、世俗の生活を捨てることなく、日常の暮らしのなかで仏教の教えを生かしていこうとする人間たちが、在家と呼ばれている。

私たちのほとんどは在家である。在家の信者が特定の寺と関係をもつ場合、寺の墓地に家の墓をかまえ、それで「檀家《だんか》」になる。檀家は、寺を経済的にも、実際的にも支える役割を果たすわけで、「布施」という形で財政的な援助をし、寺の活動を助ける。

寺を守るのが住職である。住職は、檀家の先祖の菩提を弔うために、日々朝夕のお勤めの際に読経《どきょう》を行う。宗派によって読経する経典は異なるが、経典はどれも長いものが多く、修行を重ねた僧侶でないと、それを唱えることができないし、経典の説く教えも理解できない。

在家である私たちは、葬儀のときでもないと、読経の場面に遭遇することはほとんどない。それ以外の場面で、経典とかかわりをもつこともあまりない。その意味で、経典というものは相当に遠い存在である。

そのなかで唯一の例外が、『般若心経』であるかもしれない。『般若心経』なら唱えたことがあるという人も少なくないだろう。短い分、それを暗記していて、仏堂や仏像、あるいは墓の前で唱えるという人もいる。

あるいは、『般若心経』を写経したという人もいるだろう。この短い経典なら、半紙一枚におさまってくれる。『般若心経』ほどコンパクトで便利な経典はない。

日本では、宗派によって『般若心経』の価値を認めるところもあれば、認めないところもあるが、一般の人たちにはそれはあまり関係がない。所属する宗派を超えて、誰もが『般若心経』に親しみを感じている。場合によっては、稲荷社など、神社で『般若心経』を唱えることだってある。『般若心経』は、宗派を超え、さらには宗教を超えて親しまれてきた。庶民にはとてつもなくありがたい経典だ。

「ことばの力」が私たちを魅了する

ここまで本書を読んできた読者なら、『般若心経』という経典において、いったいどういった内容の教えが説かれているのか、その概略をつかむことができただろう。

『般若心経』は、短い経典ではあるが、その内容は豊かで、複雑な部分も含み込んでいる。仏教の教えのエッセンスが盛り込まれていると言われることが少なくないが、そう言っても決して間違ってはいない。

『般若心経』の内容を理解していくことによって、釈迦がどういった教えを説いたのか、その中心となるものを知ることができる。

さらには、仏教が、原始仏教から部派仏教へ、さらには大乗仏教から密教へと発展していった、その歴史を踏まえ、それぞれの仏教がどういった特徴をもっているかも学んでいくことができる。それは、他の経典にはない『般若心経』の特徴である。その点でも、『般若心経』はとても便利な経典である。

たとえ、『般若心経』の詳しい内容は把握できないとしても、印象的なことばや表現をピックアップしてくるだけでも、大いに意味がある。

「色即是空《しきそくぜくう》　空即是色《くうそくぜしき》」という特徴的な表現は、逆接的で面白い。禅問答のようでもあるが、何か重要なメッセージがそこに込められているように思える。

あるいは、「空」や「無」といった単語も、『般若心経』に接すると、とても大切なものだということが改めて認識されてくる。「羯諦《ぎゃてい》　羯諦《ぎゃてい》」という真言の部分になると、その意味は皆目分からないものの、ことばとして強く印象に残る。そこには、何か特別な力が込められているように思えてくるのだ。

たとえ、『般若心経』の内容を理解できなかったとしても、どれか強い印象を与えてくれたことばを引き出してくるだけでも、この経典を知る価値がある。使われることばにインパクトがあるからこそ、『般若心経』は、長く愛されてきたとも言えるのだ。

いくつになっても、悩み苦しむのが人間

私たちは、仏教の教えからしたら、「煩悩《ぼんのう》」にまみれた生活を送っている。決して強欲な生き方をしているというわけではないかもしれないが、日々悩みは尽きず、さまざまなことにとらわれながら生活を送っている。

何かが欲しいという欲望はいくらでもわき出してくる。生活していくうえで欠かせないものなら仕方がないが、欲しいと感じるのは、そうしたものに限らない。他人から見れば、価値があるように思えないものでも、本人にとっては、なんとしても手に入れたい、強い欲望の対象だったりする。

私たちは、自分の欲望がかなえられないときに強い不満を抱いたり、いらだったりする。腹を立てることもある。自分の思いどおりにならないことなど、それこそ人生では無数に生まれてくるが、そのたびごとに悩み苦しみ、落ち込んでしまった

りもする。

そうした部分は、年齢を重ねても変わらない。その意味で、人間というのは随分と情けない存在である。ときには、煩悩に負け、感情のコントロールができなくて、醜態をさらしたりする。後になって反省しても、手遅れの場合が少なくない。

仏教では、煩悩のなかで一番中心になるものを「三毒《さんどく》」と呼んできた。三毒とは、「貪瞋癡《とんじんち》」のことで、貪はむさぼること、瞋はいかること、そして癡は愚かなことを意味する。

私たちは、この三毒にむしばまれ、それによって煩悩から逃れられない。逃れなければならないと思いつつ、つまらない欲望や見栄、世間体が頭をもたげてきて、つい感情的になったり、自暴自棄になって自分を見失ってしまうのだ。

そんな煩悩まみれの人生を送る私たちは、どうしても仏教のことが気になってしまう。仏教の教えにすがれば、もしかしたらもっとましな生活が送れるのではないか。つい、そうした期待をもってしまうのだ。

自分のものであっても、自由にならないのが「心」

仏教という宗教がインドに誕生し、その周辺諸国に広がっていったのも、多くの人たちが、煩悩にまみれた自分の生活を反省し、そこから逃れるための方法を強く求めたからだ。それは、昔も今も変わらない。

残念ながら、今では生誕の地であるインドでは、仏教はすっかり衰えてしまい、日本に仏教を伝えるうえで大きな役割を果たした中国でも、かつての勢いは失われている。けれども、タイやスリランカ、ビルマといった東南アジア、南アジアの国々や、日本、そしてチベットなどでは、仏教信仰はまだまだ盛んで、多くの人たちが帰依《きえ》している。

西欧の社会でも、スピリチュアルなものへの関心が高まり、そのなかで仏教が注目を集めている。禅に対する関心は相変わらず高く、チベットを追われ、インドで亡命生活を送るダライ・ラマに注目する人たちも少なくない。

仏教は、キリスト教やイスラム教と並ぶ世界の三大宗教と言われる。信者の数ということでは、インドのヒンズー教のほうが仏教をはるかに上回っている。けれども、仏教では、高度な宗教哲学も発達し、それが広まった各地域で独自な発展を見せ、多くの人たちの心の支えとしての役割を果たしている。

それも、仏教が問題にする心というものが、私たちにとって、なかなか扱い難いものだからだ。心は自分のものであるはずなのに、自分ではそれを自由にコントロールできない。毎日の生活にすべてを打ち込んでいるならば、雑念は起こらないはずだが、絶えず煩悩が頭をもたげてくる。

何かが欲しいという欲望を断ち切ることは難しい。物が欲しいということであれば、金さえあれば解決できるかもしれない。金自体がないということもあるが、努力で解決できる問題でもある。

ところが、私たちの欲望は、むしろ実現することが難しい事柄のほうに向いていく。名誉欲もあれば、他人を自分の思いどおりに動かしたいという思いもある。人間関係ということになれば、その解決は容易ではない。他人は自分が考えるようには行動してくれないし、判断を下してもくれない。

私たちは、思いどおりにならない他人のことを愚痴ったり、批判する。まさに三毒だ。それもまた、逃れることの難しい煩悩のあらわれでもあるのだ。

生まれることが苦であるという真理

仏教の開祖である釈迦は、そうした煩悩にまみれた私たちの生活を「苦」としてとらえ、その苦からいかに解放されていくのかに悩んだ。もっとも釈迦の直面した苦は、人間の生き死ににかかわる根本的な問題だった。

生ある人間は、若くて元気がある間は、その生を謳歌することができる。だが、生き生きとしていられる時間は決して長くはない。釈迦が生きていたような時代は、現代とは異なり、社会環境や衛生環境も整わず、人の寿命は短かった。すぐに老いが訪れ、若い頃のようにはいかなくなる。

そして、生ある者は、誰もが死を免れることができない。現代がそうであるように、たとえ長寿を実現しても、いつかは死が訪れる。その訪れを少しは先へ伸ばすことができるかもしれないが、永遠の生命を獲得することはできない。

しかも、釈迦が生きたインドの社会では、「輪廻《りんね》」の思想が行き渡っていた。輪廻とは死後の生まれ変わりのことである。日本の社会でも、輪廻の信仰は存在するものの、インドにおける輪廻のとらえ方は根本的に異なっている。

私たち日本人は、死後の生まれ変わりというとき、ふたたび人間に生まれ変わることを前提に考える。ところが、「六道輪廻《ろくどうりんね》」の考え方からすれば、次にまた人間に生まれ変われる保証などまるでない。動物に生まれ変わることもあるし、虫に生まれ変わることもある。もし、虫に生まれ変わったとしたら、すぐに叩き殺されてしまうかもしれない。

幸運にも、人間に生まれ変われたとしても、境遇によってその生活は大きく変わってくる。幸福な人生もあれば、不幸な人生もある。そもそも、人間であるかぎり、さまざまな苦や煩悩から逃れられない。生まれ変わりをくり返すなかで幸福を実現することはとてつもなく難しいことなのだ。

仏教にかぎらず、インドの宗教は、この輪廻からいかに脱するかを課題としてきた。生まれ変わることに必ず苦がつきまとうのだから、苦から解き放たれるには、死んだまま輪廻しないのが一番望ましい。輪廻から逃れることにこそ、究極の救いがあると考えられてきたのである。

仏教について、あるいはその教えについて考える際に、それが前提になる。仏教は、生まれることを苦としてとらえる世界のなかに誕生し、発展を見せてきた。その点を無視してしまっては、仏教が何かを知ることはできない。

苦行では解脱できないと考えた釈迦

出家した釈迦は、はじめ師について修行を行い、ときには苦行を実践したこともあった。苦行こそが輪廻を脱する手立てだという考え方が強かったからだ。

今でも、インドでは、輪廻からの脱出、つまりは解脱を求めて苦行を実践する修行者がいる。その苦行は、髪や爪を伸ばし続けるとか、横になることさえなく立ち続けるといった想像を絶したもので、そうした修行者は多くの信奉者を集めている。けれども、釈迦は、そうした苦行によっては解脱に至れないと、途中でそれをやめてしまった。

苦行を中止した釈迦は、菩提樹の下で瞑想に入る。そのなかで、彼を誘惑する魔物を退け、ついには究極の悟りに至った。その悟りがいかなるものなのか、悟っていない人間には理解が不能だが、釈迦は最初、自分の悟りがあまりにも難しいものであるため、ほかの人間に説くことを諦め、そのまま入滅《にゅうめつ》しようとした。悟りを開くことで輪廻を脱することが可能になったのだから、入滅という選択肢がもっとも有効だった。

ところが、その様子を見守っていた梵天と帝釈天という二柱の神が、入滅してしまうのは困ると釈迦を押しとどめた。ぜひ、悟りの内容を一般の人間にも伝えてほしいと、この二柱の神は釈迦に懇願した。釈迦はそれに説得され、そこから教えを説く旅に出る。釈迦は、亡くなるまで各地を遊行し、自らの悟りの内容を伝えていった。

釈迦が説いた教えがいったいどのようなものだったのか、残念ながら、同時代の記録はいっさい残されていない。釈迦の周囲には、信奉者が生まれ、仏教教団の原型である「僧伽《そうぎゃ》（サンガ）」が作られたとされるが、まだその段階では経典も編纂されていなかった。

釈迦が最初に説いたこと

釈迦が実際にどういった教えを説いたのか、はっきりとしたことはわかっていない。けれども、『スッタニパータ』などの「原始仏典」には、その痕跡が示されていると言われている。そうした経典に残された釈迦の教えは、極めてシンプルなものである。

いくつかその例をあげてみよう。

「子があれば、そのために不安になる。同じく、牛を所有している者は、そのために不安になる。所有することこそが不安を生む種なのだ。何物も所有しない者に不安などありはしない」

「酒に溺れ、博打《ばくち》にうつつをぬかし、女を買い漁《あさ》るふしだらな人間になってしまったとしたら、得たものをすべて浪費してしまい。破滅への道をまっしぐらにたどっていく」

「無関心でありながら、つねに正しく考える。この世界において、自分が他者と等しいとは考えない。優れているとも、劣っているとも考えない。そうした人間に、不遜なところはない」

これは、既存の仏教用語を使わずに『スッタニパータ』に説かれたことばを日本語に訳したものである。既存の仏教用語は漢語で、そうしたことばを使うと、もともとの釈迦の教えがどういったものだったのか、真実を見通せなくなるからだ（拙編著『「仏陀語録」オリジナル』三五館）。

こうした釈迦のことばを読んでいくと、ひどく当たり前のことが説かれているようにも思える。実際、格別難しいことが言われているわけではないし、哲学的な思索が展開されているわけでもない。

ただ、極めてシンプルであるがゆえに、そのとおりに生きようとしたら、たちまちにして私たちは困難に直面する。シンプルに生きることこそがもっとも難しいことなのだ。

自らの「心の操縦法」を求める仏教

釈迦の教えをもとに、しだいに「部派仏教《ぶはぶっきょう》」が生み出されていく。そのなかでもっとも重視された教えが四諦八正道《したいはっしょうどう》であり、十二縁起《じゅうにえんぎ》だった。

部派仏教は、そうした教えをもとに、人の心の働きがいかなるものかを解明しようと試みた。そして、いかに心を働かせていけば、苦を逃れ、正しい生き方ができるかを示そうとしていった。

心を問題にするという点で、部派仏教は、今日で言う心理学に近いとも言える。心の働きを細かく分析し、そのなかから、どのような原因によって煩悩が生まれてくるかを明らかにしていく。そのうえで、煩悩が生まれないようにするにはどうすればいいか、部派仏教は、「心の操縦法」を開拓していったと見ることもできる。

心の操縦法としての部派仏教は、「カウンセリング」に近いとも言える。心の働きを見つめることで、問題を解決していこうとする点で、たしかに両者は類似している。仏教の修行者が出家して修行にいそしむのも、自己の心を見つめ、その働きを正しい方向に向けようとするからである。

大乗仏教の段階になると、今日の深層心理学に近い「唯識《ゆいしき》」の考え方なども生まれた。唯識では、心の奥底で「阿頼耶識《あらやしき》」が働いているととらえるが、それは深層心理学で言う「無意識」に類似している。そして、唯識では、心のあり方を変化させていくためにヨーガの技法が用いられた。唯識は、まさに心の操縦法を開拓していく技法なのである。

気持ちが吹っ切れる『般若心経』の衝撃力

部派仏教の心理学は、カウンセリングの技法としてある程度の有効性を発揮したことだろう。けれども宗教というものは、たんに当たり前なことを説くだけではインパクトをもち得ない。宗教が、多くの人に受け入れられるためには、それまでの日常をひっくり返してしまうような衝撃を伴わなければならない。

大乗仏教は、「空《くう》」を説くことで、人々に大きな衝撃を与えた。空の理論の前には、部派仏教で発達した心理学的な教えの体系は意味をなさなくなる。あらゆるものが実体を伴っていないなら、心を細かく分析し、それを正していっても、最終的には役立たない。

あらゆるものが空だと主張することは、昔、頑固者の父親が、突然ちゃぶ台をひっくり返したのに似ている。手段は相当に荒っぽいが、周囲に与えるインパクトは大きい。空の前には、地道な努力など無意味に思えてくる。逆に、衝撃が大きければ大きいほど、どこか気持ちがすかっとする。

はじめて空の理論に接した人々は、いったいどれほどの衝撃を受けたのだろうか。それはとても興味深いし、できるなら、そうした場面に遭遇できればよかったのにと思う。おそらくそれは人生最大の衝撃になったに違いない。

いったい空とはどういうことなのか、『般若心経』では、具体的に説明されているわけではない。すべては空だと言い切っているだけで、その意味が事細かに説明されているわけではない。

けれども、空だと言い切られると、どこか気持ちが吹っ切れる。細かなことをいちいち気にしているのが無駄に思えてくるし、小さなことにこだわっている自分がばかばかしく思えてくる。

それだけでも、効果のほどは大いにある。詳細な説明を受けるよりも、断定的に言い切られたほうが、すんなりと心に入ってくる。『般若心経』の力は、それが一種のショック療法になっているところにあるのだ。

空をめぐる哲学的思索

ではいったい空とは何なんだろうか。

仏教では、空をめぐる哲学的な思索が展開されてきた。とくに、ここまでも何度かふれた龍樹《りゅうじゅ》の『中論《ちゅうろん》』は、空の哲学を構築した仏教の理論として高く評価されてきた。

空の哲学は難解で、その内容を理解することは容易ではない。けれども、重要なのは、ある物が存在しているというとき、関係性を重視する点である。そこには、大乗仏教が形成されるまで、部派仏教のなかで議論されてきた因果や縁起などの考え方が前提になっている。

たとえば、私という存在を考えてみたとき、表面的には、私という一個人が実在しているかのように見える。ところが、私は私だけで存在しているわけではない。周囲にはさまざまな他者が存在し、私がどういった存在であるかを規定しているのも、そうした他者との関係性である。

私は、「島田裕巳」という名前をもっているが、名前は他者と自己とを区別するためにつけられた符合である。生まれたときに別の名前をつけられていたかもしれない。この、島田という姓は、親や先祖から受け継がれてきたもので、自分では選ぶことができないし、裕巳という名前をつけた親も、姓は選べない。

そして、私は、家族や親族、さらには知人、友人といった他者に囲まれながら生活している。お互いの関係性のなかで、自分の行動を決めるし、何を考えるか、何を感じるかも、他者や物との関係によって変化してくる。

つまり、私は一つの実体ではなく、さまざまな関係性が作り出した一つの点のようなものだ。関係性に変化が起これば、そのあり方はすぐに変わっていく。今の私は、過去の私とは違う。未来の私がどういったものになるのか、自分でそれを決めることはできない。すべては関係性が決めるもので、龍樹は、一つの存在が関係性にすべて依存していることをさして「空性《くうしょう》」ととらえ、それを基盤に独自の空の哲学を展開していったのだ。

悩みの前で立ち尽くしてしまう私たち

空の哲学は難しい。簡単に説明しようとしても、うまくはいかない。けれども、それは現実について説明しているのだから、日常を超えた抽象的な事柄を問題にする西洋哲学の形而上学などとは違い、現実と関連させることで、何とか理解するための糸口をつかむことはできる。

私たちは、何か悩みごとに直面したとき、どうしたらいいかが分からなくなり、そこで止まってしまう。「頭が白くなる」という表現があるが、まさに思考停止の状態に陥ってしまうのだ。

頭が白くならず、しっかりと考えることができれば、悩みごとは解決する。すぐに問題が解決しなくても、今はどうしようもないということが分かるだけでも、事態は変わってくる。

ではなぜ、頭が白くなってしまうのだろうか。

それは、悩みごとに対して、一つの方向からしか考えられなくなってしまうからだ。もっと別の方向から見たら、問題は問題でなくなるかもしれない。それに、私たちの物の見方が根本的に間違っていることもある。間違った見方をしていれば、それだけで袋小路にはまってしまう。

たとえば、親しい人が自分の悪口を言っていたという話を聞いたとする。その話を聞いたときには、強い衝撃を受け、何がなんだか分からなくなってしまう。あれだけ親しくしているのに陰口を言うとは信じられない。それで、人間不信に陥るかもしれない。

けれども、それはあくまで伝え聞いたもので、本当に悪口を言っていたのかどうか、確かめたわけではない。実際に確かめてみると、まったくその事実はなく、話を伝えた人の誤解だということが明らかになったりする。

そうなると、急に心が晴れてくる。人間不信など跡形もなく消えていく。親しい人が自分の悪口を言ったという事実自体が、形も残さず消え去っていく。心のなかのしこりも、同様にきれいさっぱりなくなっていく。

悪口を言ったのは本当でも、冗談めかして言っただけで、それを聞き手が変に誤解してしまったということだってある。

けれども私たちには、人から言われたことを、そのまま信じてしまう傾向がある。だからこそ振り込め詐欺のような手口が横行するのだ。

ゴッホのヒマワリも空

悪口など誰も言っていなかった。それは、実際にはないものが、あるかのように思えただけだ。そんなことは、現実にはいくらでもある。そして、事実でないと分かると、それはたちまちにして消え去っていく。

これこそが、まさに「色不異空《しきふいくう》　空不異色《くうふいしき》　色即是空《しきそくぜくう》　空即是色《くうそくぜしき》」である。

今あげた例は、ささいな出来事だが、それはあらゆる事柄についても言える。たとえば、「価値」というものについても同じだ。

ここに、ゴッホが描いたヒマワリの絵があったとする。もちろん本物だ。今は、名画の代表とされ、もしオークションに出品されたとしたら、何十億円もの価格で落札される。今から三十年以上前には、日本の損害保険会社が五十八億円で落札し、話題になったこともあった。

ところが、ゴッホが生きていた時代に、彼の絵はまったく評価されなかった。それを反映し、生前に売れた絵はわずか一枚だった。つまり、現代では五十八億円にもなる絵は、かつてはただ同然だったのだ。

絵自体は変わっていない。描かれたときそのままだ。変わったのは、ゴッホという画家に対する評価であり、人々のとらえ方である。

今でも、ゴッホの絵を見て感動しない人もいるだろう。感動するという人でも、そこには世間のゴッホに対する評価が関係している。ゴッホの絵が美術の教科書にも載り、くり返し展覧会が開かれ、数多くの画集が刊行されているからこそ、名画に思えてくるという面がある。

絵そのものに価値があるわけではない。その絵を評価する世間の目ということが、そこには深くかかわり、評価と絵自体の関係性がもっとも重要な役割を果たしている。

ゴッホのヒマワリは空であり、名画という評価も空である。ところが、人によって、あるいは時代によって、その空である一枚の絵に巨額が投じられる。五十八億円で落札されたのは、日本でバブル経済が真っ盛りだった時代である。そうした時代背景があったことで、五十八億円まで落札額が高騰した。

今同じ絵が市場に出たとしたら、果たしていくらで落札されるだろうか。それは、絵を描いたゴッホ本人にはまったく関係しないことである。

ゼロベースの智慧が私たちの心を軽くする

私たちは、人から言われたことを信じてしまいやすい。

自分の勝手な思い込みに弱い。

それが常識だ、しきたりだと言われると、急に逆らえなくなる。

このように私たちは、ある事柄を、動かし難い絶対のものだと考えてしまい、それに縛られる。そして、現実を変えることなどできないと思い込んで、それに悩み、苦しむ。そんな性癖をもっている。

しかし、本当に現実は動かし難いものなのだろうか。少し引いた立場から物事を改めて眺めてみたら、絶対だと思っていたことが絶対でなくなることはいくらでもある。常識が実は合理性を欠いた非常識であったり、しきたりが案外新しいものであったりすることは珍しくない。

私たちは、そのことが絶対のことなのかどうかを、もう一度疑ってみる必要がある。実は、絶対のことなどあり得ない。一度、原点に戻って考え直してみると、問題が一挙に解決することもある。

すべては空だ。

それこそが、「ゼロベース」で物事を考えることに通じる。

すべては空なら、何か物事にとらわれたり、怒ったり、不快に思ったりすること自体が間違っている。悩んだり、苦しんだり、腹が立ったりしたときには、自分は間違った方向で物事を考えているのだと思い直したほうがいい。悩みや苦は、その意味で、私たちに対する警告にほかならない。

問題が起こったとき、すぐに立ち止まり、原点に戻って考え直そうとすることこそが、智慧であり、「般若波羅蜜多」なのである。

そう考えたとき、私たちは、『般若心経』がいったいどういう教えを説いているのか、その核心的な部分を理解することができる。智慧は知識とは違う。知識を高めるには、多くの情報を摂取しなければならないが、智慧はそれを必要としない。

むしろ、知識をため込み、それで身動きがとれなくなってしまわないようにすることこそが智慧の働きである。

智慧が働き出せば、いったい何が無駄で無意味なことなのかが、たちどころに理解されてくる。たしかにそうなれば、あらゆる苦は消滅し、私たちは煩悩から解き放たれる。

このように見たとき、私たちは『般若心経』を自分たちの暮らしのなかで、自分たちの人生のなかで生かす道を見いだすことができる。その点で、『般若心経』は私たちの心を軽くし、私たちを救ってくれる貴重な経典なのである。

第5章

『般若心経』からたどる仏教の歴史

『般若心経』に仏教の真髄がある

『般若心経』は、わずか二百六十二文字からなる短い経典だ。通常、仏教の経典と言えば、むしろ長いことが特徴になっている。

たとえば、数ある経典のなかで、『般若心経』と並んでポピュラーなのが『法華《ほけ》経《きょう》』である。『法華経』は、日本の仏教の世界に大きな影響を与えた。『法華経』は全体が二十八巻に分かれていて、それぞれの巻もかなり長い。かつて平家が厳島神社に奉納した『平家納経』の場合には、見事な装飾経で、その大部分を『法華経』が占めている。開経と結経を含めて全三十巻になり、それぞれが巻き物になっている。

『法華経』の翻訳としては岩波文庫版が一番よく読まれているが、サンスクリット語からの翻訳と漢訳をともに含むとはいえ、上中下の三巻に分かれ、それぞれがかなり厚い。ほかの仏教経典でもかなり長いものが多い。『般若心経』を含む『大般若経』は、すでに述べたように、全部で六百巻にもなる。

『般若心経』は、それとは対照的で、非常に短い。けれども、その内容ということになると、短いわりに、深いものを含んでいる。大乗仏教の真髄が示されているという評価も、十分に成り立つのである。

そもそも、長い経典では、一般の人間はそれを読み通すことができない。仏教の中心的な教えは何なのか。一般の人が知りたいと思うのは、そうした事柄である。

たった二百六十二文字で仏教の基本的な考え方が分かる

『般若心経』では、仏教の基本的な教えについて言及されている。それが、「五蘊《ごうん》」であったり、「四苦八苦」であったり、「六根《ろっこん》」と「六境《ろっきょう》」からなる「十二処《じゅうにしょ》」、それに「六識《ろくしき》」を加えた「十八界《じゅうはっかい》」であったり、「十二縁起《じゅうにえんぎ》」や「四諦《したい》」、「四顛倒《してんどう》」であったりするわけである。

釈迦が菩提樹の下で瞑想することで、いったいどういうことを悟ったのかと言えば、普通はそうした仏教の基本的な考え方によって説明がなされる。ほかにも、『般若心経』では、「涅槃《ねはん》」や「阿耨多羅三藐三菩提《あのくたらさんみゃくさんぼだい》」について述べられているし、「八正道《はっしょうどう》」については直接ふれられてはいないものの、四諦《したい》についての箇所で、苦を消滅させる方法として間接的にふれられている。

『般若心経』の一つの魅力は、短い経文のなかに、仏教の基本的な考え方、教えが盛り込まれていることにある。したがって、わずか二百六十二文字を読んだだけで、仏教の核心にふれることができる。『般若心経』がくり返し読誦《どくじゅ》され、経文として写されてきたのも、それを読み、書き写すならば、おのずと釈迦の悟りの内容が伝わってくると考えられてきたからである。

しかし、『般若心経』のなかで、そうした教えがそのまま評価されているかと言えば、そうではない。そこにこそ、大乗経典としての『般若心経』の特質がある。今ふれた仏教の基本的な概念によって説明される原始仏教や部派仏教の教えは、実体を伴わないものとして真っ向から否定されているのである。『般若心経』について理解していこうとする際に、この点は極めて重要である。ただし、その点については、『般若心経』の一般的な解説書で明確に説明されてはいない。『般若心経』の特徴を考えるうえで、部派仏教批判を志向している点は極めて重要だが、案外その点が明確にされてこなかったのである。

なぜ、空の教えが強調されているのか

『般若心経』は、原始仏教や部派仏教の教えを、真っ向から否定する。それは、『般若経』からはじまる大乗仏教においては、あらゆるものは、実体を伴わない「空《くう》」として認識されるからである。

すべてが空であるならば、「五蘊《ごうん》」に意味がないのはもちろん、「十二縁起《じゅうにえんぎ》」や「四諦」でさえ実体のない事柄であり、そこに真理が含まれているはずもない。

原始仏教のなかから、後に東南アジアに広がる部派仏教が生まれるが、そのなかで一番有力だったのは、「説一切有部《せついっさいうぶ》」と呼ばれる部派であった。そこでは、我についでは実体を伴わない空であると考えられたが、さまざまな物質や存在、現象についでは実体を伴う有であると考えられた。

『般若心経』は、すべては空であるという立場に立つことで、そうした説一切有部の考え方に対して真っ向からそれを批判した。だからこそ、『般若心経』のなかでは、原始仏教から部派仏教へと受け継がれていった基本的な教えが、すべて実体を伴わないもの、存在しないものとして否定されているわけである。

部派仏教を否定しなければ、大乗仏教への道は開かれない。『般若心経』は、大乗仏教へと仏教の教えが発展していったことを広く宣言する役割を負っているのだ。

逆に言えば、部派仏教の立場からすれば、あるいは今日の上座部仏教（テーラワーダ仏教）の立場からすれば、『般若心経』は自分たちの教えを否定する間違った経典ということになる。そのことは、大乗仏教に長く親しんできた日本人には気づきにくいことである。

『般若心経』に残された大きな謎

『般若心経』の全体を考えてみた場合、それは大きく二つに分けることができる。

前半では、原始仏教や部派仏教の教えが実体を伴わないものとして真っ向から否定され、空の考え方が強調されている。それは、最初から「得阿耨多羅三藐三菩《とくあのくたらさんみゃくさんぼ》提《だい》」までの部分である。そして後半は、真言についてふれた「故知般若波羅蜜多《こちはんにゃはらみった》」から最後までをさす。

前半については、『般若経』の考え方そのもので、あらゆるものは空であり、実体を伴わないことが前提とされている。

ところが、後半の部分で、真言にかんしては、「真実不虚《しんじつふこ》」とされている。それは絶対の真実であり、決して虚しいものではないというのである。

虚しいものという認識なら、それは空の考え方に通じている。ところが、虚しいものではないということは、実体を伴ったものだということになる。それでは空の考え方とは対立するのではないか。どうしてもそうした疑問が生まれてくる。

なぜ前半の部分で、空が前提であることを強調してきた『般若心経』は、後半の部分で、一転して事物が実体を伴うという考え方に立とうとするのか。それは、大いなる矛盾である。

そのことに気づいたとき、『般若心経』に相対した者は、驚愕し、ことばを失う。いったいこの経典は、私たちに何を語りかけようとしているのか。そう問わざるを得なくなるのである。

『般若心経』には仏教史の矛盾が集約されている

『般若心経』は、大乗仏教の立場に立ち、原始仏教や部派仏教の考え方を真っ向から否定する。大乗仏教が、それまでの仏教の流れのなかから、まったく新しい宗教的な思想の運動として立ち現れてくるのも、『般若心経』を含む『般若経』において、空の教えが説かれたことが大きい。

ただし、大乗仏教が歴史を重ね、宗教的に展開していくなかで、インドの土着的な宗教との習合という現象が起こり、呪術《じゅじゅつ》的な要素を取り入れることで密教が成立することになる。密教は、中国や日本に取り入れられたときには、それまでにない新しい仏教の教え、実践として仏教界を席捲《せっけん》していくことになるが、神秘的で呪術的な要素を含み込んだ点で、それまでの思想的、哲学的な仏教の流れとは対立する部分を含み込んでいた。

とくにそれがもっとも明確にあらわれているのが、現象や存在を実体を伴わない空としてとらえるのか、それとも実体を伴った有としてとらえるのかという対立である。密教では、神秘的な力、呪力への信仰があり、それは実体を伴うことで、存在や現象に決定的な影響を与えると考えられている。

その点で、密教は大乗仏教の流れから逸脱している。実在を否定する立場と、それを肯定する立場とは本来相いれないはずだ。密教は、実在論の立場をとることで、大乗仏教の前提を突き崩してしまう。その点で、密教は危険な教えになるが、現実には広く受容され、むしろ多くの人々の間で歓迎されてきた。

空の立場に立つならば、密教の教えや実践は意味のないものとなる。逆に、密教の立場に立つならば、空の理論は成立し得ないことになる。

しかし、現実の宗教的な実践の場においては、この矛盾にはそれほど注意が払われず、空の理論と密教の教えとは両立がはかられてきた。密教のほうが後に成立したこともあり、空の理論から密教を批判する有力な見解が生まれなかったことも、密教批判がなされなかった原因になる。

そうした状況のなかでは、『般若心経』の果たす役割には大きなものがある。というのも、『般若心経』では、空の理論が密教の教えへと自然とつながっていくような書き方がされているからである。

『般若心経』の内容をよほど読み込んでいかないと、矛盾には気づかない。そして、矛盾が露呈することがうまく回避されていることも分からない。

この点にも、実は、『般若心経』が大乗仏教の真髄を描き出したものだという特徴が示されている。大乗仏教は、それと本来は矛盾した密教を取り込むことで、その延命をはかったとも言えるのである。

インドの風土と無縁ではない『般若心経』

ここでは、『般若心経』を軸にして仏教の歴史をおさらいしておきたい。『般若心経』という一つの経典を軸に据えることで、仏教の歴史はより明確なものになっていくはずである。

『般若心経』が生まれたのはインドである。インドは仏教という宗教が誕生した場所でもあり、その開祖である釈迦も、インド、ないしはそれと隣接した今のネパールに生まれたと伝えられている。

釈迦が、どういった生涯を送り、またどういった教えを説いたのか、それについては正確なところは伝わっていない。釈迦の生涯をつづったものが「仏伝《ぶつでん》」だが、その内容は神話的な記述になっている。原始仏典に属する『スッタニパータ』の一部には、釈迦が実際に説いた教えが残されているとも言われるが、はっきりと、これは釈迦にさかのぼる教えであると判定できるようなものは見いだされていない。

『般若経』は大乗仏教の先駆となる経典であり、釈迦が亡くなってからかなり後の時代に作られたものである。『般若経』の真髄を盛り込んだ『般若心経』も同様である。

『般若心経』の内容を理解しようとする場合には、インドという風土の影響を無視することはできない。私たち日本人は生まれるということに肯定的な価値を見いだしているが、インドの人々にとって生まれることは苦に直結する。その苦からいかにして逃れるか、それが仏教を含めたインドの宗教の目的にほかならない。

仏教における悟りである「解脱」は、「輪廻」のくり返しから脱することを意味する。生まれ変わりに苦を見いだすのが、インド仏教の本質的な特徴である。そのことを前提にしなければ、仏教がインドの人々にとってどういう意味を担い、どういった役割を果たしたかを理解することはできない。

釈迦の死後、いかにして仏典は作られたか

宗教の分類として、民族に固有な土着の宗教としての「民族宗教」と、民族の枠を超え広い地域にひろまった「世界宗教」とを区別する見方がある。インドの宗教について言えば、インドという枠のなかにとどまったバラモン教や今日のヒンズー教は民族宗教であり、インドという枠を超えて広がった仏教は世界宗教である。

世界宗教においては、開祖にあたる人物が存在し、その開祖が説いたものが教えとして信仰の対象になる。したがって、世界宗教においては、開祖の教えを集めた聖典が重視されるが、仏教の場合それにあたるのが「仏典」であり「経典」である。

釈迦自身は、他の世界宗教の開祖と同様に、自らが教えを書き残すことはなかった。釈迦が各地を説法してまわるなかで、「僧伽《そうぎゃ》」と呼ばれる教団の萌芽が生まれるが、教えは弟子たちが記憶しているだけで、すぐには書き留められなかった。

釈迦が亡くなった後、教えが失われるのを防ぎ、その統一をはかるため、弟子たちが集まった。それが「結集《けつじゅう》」で、それによって仏典の基礎が作られた。ただし、その段階では文字にしては記されず、それがなされたのは釈迦の死の数百年後のこととされる。

結集は、その後、一回、ないしは三回開かれ、仏教の教えの基礎が形作られていく。経典の編纂も進められていくが、経典は、釈迦の教えを伝える「経《きょう》」、戒律を示した「律《りつ》」、そして、教えについて解説を施した「論《ろん》」の三つに分けられる。

部派仏教から大乗仏教に至る歴史

仏教の大きな流れとしては、「大乗仏教」と「部派仏教」とが区別される。部派仏教は、「小乗仏教」と呼ばれることもあるが、それは、大乗仏教の立場からそれを貶《おとし》めた言い方で、近年では、日本でも「テーラワーダ仏教」といった言い方がなされるようになってきた。

部派仏教の源となる初期仏教は、「原始仏教」や「根本仏教」とも呼ばれてきたが、『般若心経』でも取り上げられている「五蘊《ごうん》」や「十二縁起《じゅうにえんぎ》」、「四諦八正道《したいはっしょうどう》」などの考え方にもとづいており、出家した僧侶が修行を重ね、在家の人間は僧侶に食べ物などを布施することで、功徳を得ることができるという信仰体制が作り上げられた。これは、今日でも、部派仏教が広まったタイやスリランカなどの東南アジアの諸国で実践されている。

大乗仏教は、原始仏教を批判する形で歴史の舞台に登場するが、最初期の大乗仏典にあたるのが『般若経』である。『般若経』の基本的な立場は、空の考え方にあり、その点は、『般若心経』に端的な形で示されている。一切が空であるなら、部派仏教の理論的な枠組みは意味がないとするのが、『般若心経』の基本的な立場である。

空の理論を大成したのが、二世紀から三世紀にかけて活躍した龍樹（ナーガルジュナ）で、その理論は今日まで大きな影響を与えている。

部派仏教と大乗仏教との違いは、もう一つ、大乗仏教が在家仏教としての性格をもったところに示されている。部派仏教では、悟りを開くことができるのは出家した僧侶に限られるが、大乗仏教では、出家しない在家でも、菩薩などを信仰することで、悟りに至ることができるとされるようになる。

それによって、大乗仏教から出家者が一掃されてしまったわけではないが、たんに自己の悟りをめざすのではなく、他者に救いをもたらすことが大乗における修行者の役割となっていった。その点で、大乗仏教の誕生は、仏教における「宗教改革」としての意味をもったのである。

中国の既存の宗教的風土と結びついた仏教

大乗仏教の歴史において重要なことは、それがシルクロードを通って中国へと伝えられたことである。中国からはさらに、モンゴル、ベトナム、朝鮮半島、そして日本へと伝えられた。

インドにおいては、大乗仏教だけではなく、部派仏教も盛んで、後には密教も大きく発展していくが、中国には、もっぱら大乗仏教が伝えられ、それが流行した。密教もインドから伝えられたものの、チベットに伝えられた後期密教は、中国には浸透しなかった。

中国には、『阿含経』などの部派仏教の経典や、説一切有部の立場に立つ『倶舎《ぐしゃ》論《ろん》（阿毘達磨倶舎論《あびだるまぐしゃろん》）』などの論書も伝えられたが、大乗仏教の立場からは否定的に扱われ、いかに大乗仏教が部派仏教よりも優れているかを論証する試みが行われた。『般若心経』は、まさにそうした試みの一つであったとも言える。

もう一つ重要な点は、中国に仏教が伝えられる以前の段階で、すでに中国では儒教や道教などの固有の宗教が形成され、その基盤の上に大乗仏教が受容されたことである。仏典の漢訳が可能だったのも、すでに高度な哲学的な営みが実践されていたからである。

中国では、釈迦は実は道教の開祖、老子の生まれ変わりであるという説も生まれた。それが、「老子化胡説《ろうしかこせつ》」と言われるものである。空の教えなども、道教における無の思想と結びつく形で受け入れられていくこととなった。

大乗仏典の展開と『般若心経』の位置

『般若経《はんにゃきょう》』の成立以降、次々と大乗仏典が作られていく。各種の大乗仏典は、最終的に膨大な量にのぼり、その思想的な内容は多岐にわたっている。

一般的に大乗仏典は三期に分かれると考えられている。初期大乗仏典にあたるのが、『般若経』をはじめ、『維摩経《ゆいまきょう》』、『華厳経《けごんきょう》』、『法華経《ほけきょう》』、『無量寿経《むりょうじゅきょう》』などで、これは西暦紀元前後から三世紀頃までに成立したとされている。

中期大乗経典に属するのが、『涅槃経《ねはんぎょう》』や『勝鬘経《しょうまんぎょう》』、『金光明経《こんこうみょうきょう》』などで、これは四～五世紀に成立した。

後期大乗経典は、『大日経《だいにちきょう》』や『金剛頂経《こんごうちょうきょう》』、『蘇悉地経《そしつじきょう》』などで、六世紀以降に成立したとされている。

この最後の後期大乗経典は、基本的に密教の経典である。中国や日本には伝えられなかった後期密教の経典である『タントラ』などもそこに含まれる。

鳩摩羅什《くまらじゅう》によって最初に『般若心経』が漢訳されたのは四〇二〜四一二年のことされるが、それ以前の二二三年頃に、支謙《しけん》という人物が、『摩訶般若波羅蜜多呪《まかはんにゃはらみったじゅ》経《きょう》』という漢訳を行っていたとされる。

支謙訳は初期大乗仏典の時代にあたり、鳩摩羅什訳は中期にあたる。中期には、まだ密教関係の経典は成立しておらず、密教の体系化は進められていなかったが、『般若心経』の後半部には真言が登場し、すでにその時代に密教の考え方が生み出されていたことが分かる。『般若心経』は、密教の受容ということにかんして先を行っていたと見ることもできる。

『般若心経』のインド的理解と中国的理解

『般若心経』の原本はサンスクリット語で書かれたものだが、すでに述べたように、インドには現存せず、日本の法隆寺に伝えられている。法隆寺のものは、「法隆寺梵本《ぼんぽん》」と呼ばれる。

その法隆寺梵本と、漢訳とを比較すると、漢訳が行われた際に付け加えられたことばがある。

それが、最初の部分にある「度一切苦厄《どいっさいくやく》」である。これは、現存する最初の漢訳である鳩摩羅什訳にすでにあるもので、玄奘三蔵《げんじょうさんぞう》訳を含め、多くの漢訳で踏襲されている。

梵本では、観世音菩薩《かんぜおんぼさつ》が五蘊《ごうん》をすべて空であり、実体を伴わないものだと見抜いたとされるだけで、その認識によって苦が消滅したとはされていない。

つまり、梵本では、純粋な哲学的認識が説かれているだけなのである。すべては空だという認識が、果たして人々の救済に結びつくのかどうか、その点にはまったく関心が払われていない。

その考え方は、観念的な方向を志向するインドでは成り立ったかもしれないが、仏教に現実的な利益を期待した中国の人々には満足できなかったのであろう。だからこそ鳩摩羅什は、教えの功徳を強調するために、一切の苦を免れることができるという救済を約束することばを補ったのに違いない。そして、漢訳では、それが受け継がれていくことになる。

ここに、中国における仏教の変容の姿を見ることができるかもしれない。中国人は、仏教に哲学の体系を求めただけではなく、実際的な利益を期待した。それは日本の場合にも共通しており、『般若心経』は、苦を取り除くことのできる教えを説いた経典として受容されてきたのである。

『般若心経』の代表的な注釈書

仏典は釈迦の教えを記したものという体裁をとっているわけだが、そこでいったいどういう教えが説かれ、思想が語られているのか、簡単に理解することは難しい。量の多い仏典でもそうだが、『般若心経』のように極限にまで圧縮された仏典ともなると、たんにそれを読んだだけでは、内容を把握することはできない。

そこで、インドの段階から、『般若心経』について各種の注釈書が作られてきた。ただし、サンスクリット語のものがそのまま残されている例はなく、漢訳やチベット語訳で残されている。ただ、チベットには、後期密教が伝わり、それが浸透したため、密教ではなく顕教に属するとされる『般若心経』については、重視されず、その分注釈書は少ない。

中国になると、漢訳がいくつも作られたように、『般若心経』への関心は高く、代表的な注釈書としては、慈恩大師基《じおんだいしき》の『般若波羅蜜多心経幽賛《ゆうさん》』と賢首大師法蔵《けんじゅだいしほうぞう》の『般若波羅蜜多心経略疏《りゃくしょ》』があげられる。

基は、『般若心経』を漢訳した玄奘の弟子で、中国の法相宗《ほっそうしゅう》の成立に貢献した。基は、『般若心経』の一字一字に注釈を加えており、『般若心経』の注釈書のスタンダードになった。法蔵は、すべての存在が互いに互いを含み込むとする縁起説を基盤とする華厳宗《けごんしゅう》の立場から『般若心経』を解釈している。

『般若心経』と仏教美術

この章をしめくくるにあたって、『般若心経』と仏像などとの関係についてふれておきたい。

『般若心経』のなかに登場するのは、観世音菩薩と舎利弗《しゃりほつ》（シャーリプトラ）である。

観世音菩薩は、観音信仰が広く行き渡っているために、さまざまな形で仏像や仏画に描かれてきた。

一方、釈迦の十大弟子の一人である舎利弗の場合にも、興福寺にある奈良時代のものなどが有名である。ただし、観世音菩薩や舎利弗は、『般若心経』、ないしはそれを含む『般若経』に特有なものではない。

『般若経』に特有な仏としてあげられるのが、「般若波羅蜜多菩薩」と「十六善神《じゅうろくぜんじん》」である。般若波羅蜜多菩薩は、ただ「般若菩薩」とも呼ばれ、ときには「般若仏《はんにゃぶつ》母《も》」と呼ばれることもある。日本では、その仏像はあまり見かけないが、インドやインドネシアのジャワ島などにある。

般若菩薩を描いた仏画が「般若菩薩曼陀羅《はんにゃぼさつまんだら》」である。大日如来《だいにちにょらい》以外の仏を中心とした「別尊曼陀羅《べっそんまんだら》」の一つで、醍醐寺に所蔵されているものが知られている。

『般若経』を守護する善神が、「般若菩薩十六善神」、あるいはただ「十六善神」と呼ばれるものである。何をもって十六善神とするかでは、いくつかのバリエーションがあるが、「大般若経転読《てんどく》」のおりなどには、般若菩薩を中心に十六善神が描かれた図像が本尊として掲げられる。

第６章

『般若心経』を知れば日本仏教がよく分かる

あまたの日本の高僧たちが注釈してきた『般若心経』

インドや中国でも、『般若心経』にどういった教えが説かれているのか、それを明らかにする注釈書が作られてきたが、日本ではとくにそれが盛んである。

もっとも古い日本語の注釈は、智光《ちこう》による『般若心経述義《じゅつぎ》』である。智光は、日本でもっとも古い仏教寺院である法興寺を前身とする奈良の元興寺の僧侶であった。生まれた年は不明で、七二九年頃に亡くなったと考えられている。

智光は、日本に最初に伝わった宗派である三論宗《さんろんしゅう》の僧侶であった。三論宗の「三論」には、龍樹の『中論《ちゅうろん》』が含まれ、すべてを空ととらえる思想がその根幹になっている。その点で、智光が『般若心経』について強い関心をもち、その注釈を試みたのは当然のことである。『般若心経述義』は、『大正新脩大蔵経《たいしょうしんしゅうだいぞうきょう》』の第五十七巻におさめられている。

それ以来、日本では数多くの高僧が『般若心経』についての注釈を試みている。

主なところをあげれば、最澄《さいちょう》、空海、円仁《えんにん》、円珍《えんちん》、源信《げんしん》、渡来僧の蘭渓道隆《らんけいどうりゅう》、白隠《はくいん》、盤珪永琢《ばんけいようたく》、一休などである。これらは、近世までのものだが、近代に入っても、仏教学の研究者や僧侶が、次々と『般若心経』についての注釈を刊行している。

さらに最近の傾向としては、作家などが『般若心経』を現代語に翻訳したり、自らの体験にもとづいてその教えについて語ろうとする動きも盛んになっている。この点でも、『般若心経』は生きた経典として、現代人の生活において重要な役割を果たしていることになる。

写経の功徳を説いたのは最澄

日本の天台宗の開祖となり、日本仏教の中心的な道場となる比叡山延暦寺を開いた最澄も、『般若心経』の注釈書を著している。それが『摩訶般若心経釈』である。そこで最澄は、『般若心経』で用いられる字句について詳しい注釈を施している。

最澄の天台宗は、中国の天台宗を開いた天台大師《てんだいたいし》智顗《ちぎ》の教えをもとにしている。智顗は、その教えを形成するにあたって、『法華経』や『般若経』、『涅槃経』といった初期から中期の大乗仏典や龍樹の『大智度論《だいちどろん》』などをもとにしたが、なかでも『法華経』にこそ釈迦の根本的な教えが示されているという立場をとった。

したがって、天台宗の立場からは、『般若経』は、釈迦の本当の教えではない方便の教えしか示されていない価値の低い経典ということにもなる。ただし、『般若心経』には、最澄が批判する「小乗仏教（部派仏教）」の教えを空の理論に従って根底的に否定する部分があり、最澄はそこに関心をもったものと考えられる。

もう一つ、最澄は『般若心経』にかんして、『般若心経開題』という文章も残している。そこでは、「繕写《ぜんしゃ》の志」ということが述べられているが、それは、経典を書き写すことの功徳を強調したものである。

『般若心経』の写経は盛んに行われ、今ではブームにまでなっている。そのルーツは最澄にまでさかのぼることができるわけである。

空海が強い関心をもった『般若心経』

日本における『般若心経』の注釈書のなかで、もっとも重要なものが、空海による『般若心経秘鍵《はんにゃしんぎょうひけん》』である。金岡秀友は、「これは日本においてのみならず、中国はもとより、インド以来のすべての『心経』注釈中、まったく、水準を懸絶した、真に独創的なもので、前人未到の『心経』解釈である」と、その意義を絶賛している（金岡校注『般若心経』講談社学術文庫）。

金岡は真言宗の僧侶でもあり、開祖である空海の業績を称賛するのは当然で、その分、この評価は割り引いて考えなければならない部分もある。だが、空海が『般若心経』に対して強い関心をもったことは、その内容からして必然的なことである。『般若心経』は、『般若経』の一部を構成するもので、真言宗が依拠している『大日経』や『金剛頂経』のような密教経典そのものではないものの、個人の修行による悟りを重視する小乗仏教の教えが、空の理論によって真っ向から否定されたうえで、真言の重要性が強調されているからである。

それはまさに、唐に渡って密教を学び、それを日本に持ち帰った空海の基本的な思想と共通する。まさに『般若心経』は、空海の試みを正当化する役割を果たすこととなったのである。

しかも、入唐以前の空海は、空の理論を確立した龍樹の思想に発する三論宗の僧侶であったと推測されている。空海は、山野を跋渉《ばっしょう》し、そこで修行を実践した修験者のような存在とも考えられているが、書についての教養などが示すように、都など文化の中心でしっかりとした教育を施されていた可能性が高い。唐から戻ってから、嵯峨天皇と親交を結んだところにも、空海が時代をリードする教養人であったことが示されている。空海は、空の哲学を理解できるだけの深い教養をもっていたのである。

顕教と密教の教えをともに含む『般若心経』

空海の『般若心経』についての注釈『般若心経秘鍵』が注目されるのは、その内容の深さであり、たしかに、これほどこの経典の真髄に迫った者はいないと思わせる。

空海は、『般若心経秘鍵』を「文殊《もんじゅ》の利剣《りけん》は諸戯《しょけ》を絶つ」という印象的なことばからはじめ、密教と顕教とを比較して、いかに密教の教えがすばらしいものであるかを強調している。

そのうえで、『般若心経』のことに話を進め、まず、その特徴を「簡にして要なり、約にして深し」とまとめている。『般若心経』は短いものだが、釈迦の教えの要点をしっかりと押さえており、少ない文字数で深い教えを説いているというのである。

空海が真言宗を開く前、日本では南都六宗のほかに最澄の天台宗が宗派として確立されていた。空海は、そうした各宗派の教えが、『般若心経』にはあますところなく示されていると主張する。たとえば、色と空との関係について述べた部分は、宇宙を一体のものとしてとらえる『華厳経』の教えが示されているという。その『華厳経』を所与の経典とするのが、南都六宗のなかの華厳宗である。

しかも、後半には「羯諦《ぎゃてい》」以下の真言が登場し、空海が唐に渡って日本にもちかえった密教の教えが説かれている。空海は、仏教のすべての教えが含み込まれた

『般若心経』を唱え、学ぶならば、あらゆる苦が取り除かれ、悟りを得たうえに、神秘的な神通力をもつことができるとしている。

経典の真髄に迫る空海の実証的テキスト解釈

空海が『般若心経』を読み解いていくうえで注目されるのは、テキストに対する実証的な姿勢である。

空海は、『般若心経』の意義を強調したあと、その漢訳がいくつもあることについてもふれている。空海があげているのは、鳩摩羅什、玄奘、義浄《ぎじょう》、法月が訳したもの、それに『陀羅尼集経《だらにじっきょう》』に含まれるものである。これは、当時存在した漢訳を網羅したものであり、空海は、その異同についてもふれている。その点で空海は、今日で言う「テキスト・クリティーク（史料批判）」を実践している。そのうえで空海は、鳩摩羅什訳によって論じるとしているが、実際には玄奘訳に近いテキストを用いている。

さらに空海は、『般若心経』の全体を、「人法総通分《にんぼうそうつうぶん》」、「分別諸乗分《ふんべつしょじょうぶん》」、「行人得《ぎょうにんとく》益分《えきぶん》」、「総帰持明分《そうきじみょうぶん》」、「秘密真言分《ひみつしんごんぶん》」の五つに分け、それぞれの部分の内容について解説を加えているが、「秘密真言分」において、真言を解釈する際には、梵語を示し、それぞれのことばが何を意味するか解説を加えている。

それも、空海が唐に渡り、長安にたどり着いた後、インド人の僧侶である般若三蔵につき、梵語と梵語によって書かれた経典について学んでいるからである。密教はインドの土着宗教と融合する形で発展し、真言を学ぶには梵語の知識を必要とした。空海は、現代の仏教学者のような姿勢で、『般若心経』を読み解こうとしたのである。

各宗派の『般若心経』論

日本では、法隆寺に伝えられてきた『般若心経』のサンスクリット語版が書写されてきたが、それとは別系統のものとして伝えられてきたものに「澄仁本《ちょうにんぼん》」と呼ばれるものがある。それが、正平七（一三五二）年に賢宝《けんぽう》によって筆写された『般若心経梵本』で、京都東寺の観智院《かんちいん》に所蔵されてきた。賢宝は、観智院を開いた杲宝《ごうほう》の弟子である。

これは、天台宗の最澄が延暦二四（八〇五）年に、また円仁が承和一四（八四七）年に唐からもちかえったサンスクリット語版を校訂して一つにしたもので、漢訳も記されている。この系統の写本は九種類が現存している。

円仁には、『般若心経疏集《しょしゅう》』と『般若心経料簡《りょうけん》』という注釈書があり、その後を継いだ円珍にも『般若心経記』がある。円珍は、『般若心経開題』という注釈書を書いたが、その大部分が失われ、『般若心経記』は短い残闕《ざんけつ》である。ほかに、天台宗では、浄土教信仰を広めた源信が『講演心経義』を書いている。密教を取り入れた天台宗では、真言宗と同様に、『般若心経』が重視されたのである。

三論宗と並ぶ南都六宗の一つ、法相宗では、真興《しんごう》が『般若心経略釈《りゃくしゃく》』を書いている。これは、三論宗の智光《ちこう》による『般若心経述義《じゅつぎ》』の論破を目的としたもので、法相宗に対する三論宗からの批判に反論し、法相宗においても、『般若心経』を重視していることを強調する内容になっている。

『般若心経』と禅がめざす境地

『般若心経』には真言が含まれ、それが重要な役割を果たしていたことから、真言宗や密教を取り入れた天台宗で重視されてきた。だが、もう一方で『般若心経』を重視するのが禅宗である。禅宗では、『般若心経』についていくつも注釈書が書かれてきた。それは、禅宗でもっとも重視される座禅という宗教的な実践がめざすものが、『般若心経』で説かれた「空」の境地への到達だからである。

曹洞宗の開祖である道元には、まとまった『般若心経』についての注釈書はない。だが、その主著である『正法眼蔵《しょうほうげんぞう》』の第一巻は、「現成公案《げんじょうこうあん》」と「摩訶般若波羅蜜」からなっている。道元はそこで、『般若心経』についても解説を施しており、「色即是空なり、空即是色なり、色是色なり、空即空なり」と述べ、「色」と「空」の関係について独自の見解を示している。

色はあくまで色であり、空はあくまで空だということだろうか。それは、あるがままを重視した道元にはふさわしい考え方であるようにも思われる。

道元は、ひたすら座禅に専念し、生活すべてを修行として実践する「只管打坐《しかんたざ》」を説いた。そのための道場として永平寺を開いたが、『般若心経』には、禅が理想とする境地が示されていると考えたのである。

禅の宗派としては、曹洞宗とは別に臨済宗があるが、それを日本に伝えた宋の渡来僧、蘭渓道隆《らんけいどうりゅう》にも、『般若心経注』という注釈書がある。また、日本で臨済宗を開いた栄西《えいさい》は、比叡山で密教についても深く学んでおり、最後まで密教を捨てなかった。『般若心経』は、そうした栄西の立場を正当化する役割を果たしたのかもしれない。

「一休さん」による『般若心経』解釈

とんち話で名高い「一休さん」こと一休宗純《そうじゅん》は、臨済宗大徳寺派の禅僧で、大徳寺を再興したことでも知られる。

京都に生まれ、六歳のときに出家して各地を放浪し、その後大徳寺を拠点に活動する。一休には、後小松天皇の御落胤説《ごらくいんせつ》がある。『狂雲集』や『自戒集』といった著書もあり、世俗の生活を超越した風狂の道を説き、それを実践したことで知られる。

その一休には、『般若心経提唱』、『般若心経仮名抄』、『般若心経抄図会』、『般若心経解』といった『般若心経』について解釈した本があったとされる。ただし、実際に一休が執筆したかどうか不確かなものもあり、とんち話が作られた江戸時代に一休に仮託されたものかもしれない。

一休の解説書とされるうち、『般若心経提唱』は、西村恵信『一休さんの般若心経』（小学館文庫）にテキストが掲載されている。一休は、臨済禅の立場から『般若心経』を解釈しているが、五蘊《ごうん》、十二処《じゅうにしょ》、十八界《じゅうはっかい》、十二因縁《じゅうにいんねん》、四諦《したい》などといった概念を使って説明しており、『般若心経』の経文にそくした解釈になっている。

たとえば、『般若心経提唱』のなかで一休は、「然《しか》るに、凡夫《ぼんぶ》は迷いて、この真空の実相《じっそう》にそむきて、空妄《くうもう》の色身《しきしん》を誠に有るものなりと思ふによりて、生を好み死をおそれて、いろ〱の苦を受けて、生死の輪廻《りんね》をまぬがれず」と、煩悩から離れられない人間の姿を活写している。

また、真言についても、「この十三文字は咒《じゅ》なり。是を密語の般若ともいふなり。咒は諸佛《しょふつ》の密語なるがゆゑなり。たゞ佛のみ、能是を知り給ふなり。餘人はしることあたはず」と、その神秘性を強調している。

いかに煩悩を離れて自由に生きるか。一休が『般若心経』から読み取ろうとしたのは、そうした禅の精神に通じる人の生き方であった。彼の著作、あるいは彼に仮託された著作には、それが分かりやすく説かれている。

通俗道徳として『般若心経』を語った盤珪《ばんけい》

盤珪永琢《ばんけいようたく》という臨済宗の僧侶がいた。江戸時代のはじめに播磨国（現在の兵庫県）に生まれ、各地を遍歴した。故郷に戻って龍門寺を創建した際には、赤穂浪士の大石内蔵助こと良雄もそこに参禅したことがあったという。だが、盤珪の名はそれほど知られていない。

ただ、『般若心経』との関連では欠かせない人物である。盤珪の唱えた禅は「不《ふ》生禅《しょうぜん》」と呼ばれるが、その不生は『般若心経』中の「不生不滅《ふしょうふめつ》」に由来する。その盤珪が『般若心経』について解説したものが『心経鈔《しんぎょうしょう》』で、これは盤珪の法話のなかで『般若心経』に関連した部分を、弟子たちがまとめたものである。

盤珪は、日常のことばで禅について語ったため、その教えは一般の庶民にも歓迎された。もっともその特徴があらわれているのが、「空」についての解釈である。

盤珪は、空ということにとらわれてしまうと、かえって人の道を失うと主張している。すべては空だとすると、父母も、兄弟も、目上・目下の区別も、いつくしみの心も失われてしまう。たしかに、『般若心経』が示す空の思想は、大胆な部分をもっており、一般的な道徳の範囲を超えてしまう危険性がある。盤珪はその点に懸念をもち、だからこそ空にとらわれることを戒めている。むしろ盤珪が強調するのは、ありのままということである。

禅は、密教や浄土教信仰に比べれば、それほど庶民には広がらなかった。出家による修行が主であり、その説くところが哲学的で、難解だったからである。ただ、江戸時代に入ると、盤珪のように、庶民に通俗的な道徳として禅の思想を伝えようとする禅僧もあらわれた。それによって、『般若心経』は新たな広がりを示していくこととなる。

白隠のユニークな『般若心経毒語註』

白隠《はくいん》と言えば、江戸時代中期の禅僧で、臨済宗中興の祖とも言われる。駿河国（現在の静岡県）に生まれ、十五歳で出家した。各地で修行した後、彼が出家した故郷の寺、松蔭寺に戻り、それ以降はそこを拠点に活動した。禅の名僧としての白隠の名は広く知れ渡り、西国大名のなかには参勤交代の途中で白隠のもとに立ち寄る者もあった。白隠はまた、独特の「白隠画」でも知られる。蛤からわき出た観音を描いた「蛤蜊観音図《はまぐりかんのんず》」などが名高い。

その白隠が『般若心経』について、一つひとつの語句に批評を施し、詩文である「偈《げつ》」を付したものが『般若心経毒語註』である。毒語というだけに、皮肉もこめられているが、発想が飛躍していて、いったい白隠が何を言わんとしたのか、この書物はその後の禅僧たちを悩ませてきた。

たとえば、「色即是空《しきそくぜくう》　空即是色《くうそくぜしき》」については、「これは、まったく不要な家具だ。猿に木のぼりを教える人はあるまい。また、二千年もの間の売れ残りの品だ」とある。また、「依般若波羅蜜多故《えはんにゃはらみったこ》」に対しては、「苦しいとき、もし頼りとする何かをえたら、直ちにすべてを吐き出してしまうことだ」とある。

白隠は、正受老人という禅僧に悟りの有無を問われたとき、「自ら会得したことをお求めなら、吐き出しましょう」と答えたというが、この部分の解釈はそれに通じる（公方俊良『空海たちの般若心経』日本実業出版社を参照）。

『般若心経』は、すべてを空とみなすことで、さまざまな事柄にとらわれている人間に衝撃を与えた。しかし、その衝撃も、『般若心経』が一般にまで浸透し、広く読まれていけば、次第に薄れていく。

白隠は、『般若心経』に、誰もが想像できないような自由な解釈を施すことで、その衝撃を復活させようとしたのかもしれない。

おわりに

奇跡的に現代に生きる『般若心経』

『般若心経』がいったいいつインドで生まれたのか、それは分かっていない。それを含む『般若経』が紀元前後から作られるようになり、『般若心経』の最初の漢訳が三世紀の前半だから、その間に作られた可能性がある。紀元前後から三世紀前半と言えば、日本では弥生時代に相当する。それほど昔に作られた経典が、たんに現在にまで伝えられているだけではなく、人々の信仰生活のなかで生きていることは、驚異的なことである。

『般若心経』をそらんじていて、それを唱えることができる人も少なくない。各地の神社仏閣を訪れてみると、神仏の前で『般若心経』を唱える人の姿をよく見かける。教義の面からすれば、神道とかかわりはないし、日蓮宗や浄土宗、浄土真宗の信仰とは対立する部分を含んでいる。だが、現実には、どの宗派に属する人でも『般若心経』には関心をもっている。

写経の対象として、『般若心経』が選ばれることも多い。何か気にかかること、引っかかることがあるとき、『般若心経』を書写することで気持ちを集中させることができる。そして、願い事があれば、書写した『般若心経』を仏前などに捧げる。『般若心経』がなかったとしたら、これだけ簡潔な仏典が少ないだけに、私たちの信仰生活には支障が生まれていたかもしれない。それほど、『般若心経』は貴重な経典なのである。

『般若心経』を学ぶことは、仏教全体を学ぶことと同じ

現代の日本人は、仏教の経典というものは、葬式や法事のときに僧侶が唱えるもので、意味はまったく分からないものだと決めつけている。たしかに、僧侶の読経する仏典は難解な漢語で、耳で聞いただけでは、その意味はほとんど分からない。真言になると、サンスクリット語であり、ただの呪文にしか聞こえない。

しかし、本来仏典は、葬式のときに読まれるために作られたものではないし、呪文でもない。そこには仏教の思想が盛り込まれている。仏典の内容に接してみれば、

そのことがよく分かる。けれども、一般の人たちが、仏典の内容にまで踏み込んで、それを読んでいくことは少ないし、その作業は容易ではない。

その点で、仏典を学ぼうとするとき、短い『般若心経』は格好の題材になる。参考書もさまざまな形で出ており、それを頼りに読み進めていけば、そこにどういったことが書かれているか、その内容を理解することができる。

しかも、重要なことは、『般若心経』には仏教思想のエッセンスが盛り込まれている点にある。『般若心経』は、大乗仏教の先駆となった『般若経』の経典群のなかに含まれるもので、そこでは、大乗仏教の基本的な認識である空の理論が説かれている。空は、数学のゼロという考え方を生んだインド人ならではの独特な思想であり、この世界を創造した唯一絶対の神を中心として現実の世界の成り立ちを考えるユダヤ教、キリスト教、イスラム教の一神教とはまったく異なる発想にもとづいている。

さらに、『般若心経』では、大乗仏教以前の部派仏教の教えについても言及され、それが批判の対象とされている。そして、最後の部分では、密教の教えが萌芽的な形で説かれている。

つまり、『般若心経』を読み解いていくならば、部派仏教から大乗仏教、そして密教へと流れていく仏教の思想史的な展開の全体像にふれることができる。そして、空の理論と密教との間の矛盾ということに気づかざるを得ない仕掛けにもなっている。『般若心経』を学ぶということは、仏教をトータルに理解することにつながるのである。

現代人は『般若心経』をどう読むか

私たち現代人は、『般若心経』をどのように読んでいけばいいのだろうか。

もちろん、どう読もうと、それは読む者の自由であり、接する人によって、あるいはその人がおかれた状況によって、同じ『般若心経』が異なるものとして受け取られることであろう。

『般若心経』は、それを漢訳した鳩摩羅什が、「度一切苦厄《どいっさいくやく》」ということばを差し挟まなければならなくなったように、ある意味、そっけない書き方がされている。

読む者を突き放しているとも言える。すべてが空であるのなら、私たちが悩みを抱いたり、苦しんだりすることは、ただただ意味のないことになってしまう。何かにとらわれている者が愚かであり、生も死も、老いることも病に陥ることも、空の教えの前には苦しみに結びつくことなどあり得ない。

その点で、『般若心経』はいさぎがいい。からっとしているとも言える。からっとしたところはインド的なもので、情緒連綿とした日本の湿った風土とは対照的である。逆に、対照的なものであるからこそ、私たちは『般若心経』に接することで衝撃を受け、そこに救いを見いだすのかもしれない。

『般若心経』について、たんに知識を蓄えただけでも意味がない。もちろん、仏教の哲学を説くものである以上、ただ読んでもその内容は分からないし、知識はいる。だが、知識だけをもって接しても『般若心経』は生きたものとしては迫ってこない。『般若心経』について語る人が少なくないのも、それぞれの人たちが抱える苦難や問題に立ち向かうすべを、二百六十二文字の『般若心経』が示してくれているように感じられるからだろう。仏典は、それに接する人間の体験を通してでなければ、本当に意味するところを理解することはできない。とくに『般若心経』は、簡潔なだけに、そういう構造をもっている。

自分の体験を意味づけ、これからの人生に方向性を与えるものとして『般若心経』を読むことができたら、それほど貴重なことはないだろう。

主な参考文献

新井満『自由訳　般若心経』朝日文庫
井筒俊彦『イスラーム文化』岩波文庫
伊藤比呂美『読み解き「般若心経」―エッセイ＋お経＋現代語訳―』朝日新聞出版
慧皎『高僧伝（一）』吉川忠夫・船山徹訳、岩波文庫
金岡秀友校注『般若心経』講談社学術文庫
公方俊良『空海たちの般若心経―六人の名僧が説く智慧と空の世界　智光　最澄　盤珪　空海　道元　白隠―』日本実業出版社
玄侑宗久『現代語訳般若心経』ちくま新書
三枝充悳『仏教入門』岩波新書
坂本幸男・岩本裕訳注『法華経』上中下、岩波文庫
島田裕巳編著『「仏陀語録」オリジナル』三五館
末木文美士『日本仏教史』新潮文庫
高神覚昇『般若心経講義』角川文庫
武田鏡村『面白いほどよくわかる　般若心経』日本文芸社
中村元『現代語訳　大乗仏典１　般若経典』東京書籍
中村元『龍樹』講談社学術文庫
中村元・紀野一義訳註『般若心経・金剛般若経』岩波文庫
西村恵信『一休さんの般若心経』小学館文庫
宮坂宥勝『空海コレクション２』ちくま学芸文庫
山折哲雄・島田裕巳『日本人の「死」はどこにいったのか』朝日新書
柳澤桂子『生きて死ぬ智慧』小学館
頼富本宏編著・今村浄圓・那須真裕美『図解雑学　般若心経』ナツメ社
ロジェ＝ポル・ドロワ『虚無の信仰』島田裕巳・田桐正彦訳、トランスビュー

本書は2010年に刊行された『般若心経 262文字のことばの力』(日本文芸社)
をもとに加筆修正し、改題、再編集したものです。

詩想社新書

詩想社新書発刊に際して

詩想社は平成二十六年二月、「共感」を経営理念に据え創業しました。なぜ人は生きるのかを考えるとき、その答えは千差万別ですが、私たちはその問いに対し、「たった一人の人間が、別の誰かと共感するためである」と考えています。

人は一人であるからこそ、実は一人ではない。そこに深い共感が生まれる――これは、作家・国木田独歩の作品に通底する主題であり、作者の信条でもあります。

私たちも、そのような根源的な部分から発せられる深い共感を求めて出版活動をしてまいります。独歩の短編作品題名から、小社社名を詩想社としたのもそのような思いからです。

くしくもこの時代に生まれ、ともに生きる人々の共感を形づくっていくことを目指して、詩想社新書をここに創刊します。

平成二十六年

詩想社

島田裕巳（しまだ　ひろみ）

宗教学者、作家。東京大学文学部卒業、同大学大学院人文科学研究科博士課程修了（専攻は宗教学）。放送教育開発センター助教授、日本女子大学教授、東京大学先端科学技術研究センター特任研究員、同客員研究員を歴任。著書に『神社崩壊』（新潮社）、『もう親を捨てるしかない』（幻冬舎）、『０葬』（集英社）など。新宗教から現代の葬送のあり方まで、独自の考察でベストセラー多数。

詩想社
―新書―

31

ブレない心をつくる
「般若心経」の悟り

2019年11月16日　第1刷発行

著　　者　島田裕巳
発 行 人　金田一一美
発 行 所　株式会社 詩想社
〒151-0073　東京都渋谷区笹塚1―57―5 松吉ビル302
TEL.03-3299-7820　FAX.03-3299-7825
E-mail info@shisosha.com

D　T　P　株式会社 キャップス
印刷・製本　中央精版印刷株式会社

ISBN978-4-908170-25-6

詩想社新書

1
リーダーのための「人を見抜く力」
野村克也

忽ち3刷！　各メディアで絶賛。名捕手、強打者にして名将といわれた著者の実績を支えていたのは、独自の人間観察眼だ。人間性や将来性、賢明さなど、どこに着眼し、どうその人間の本質を見破り、育てるかを初めて明かす。

本体８８０円＋税

20
権力者とメディアが対立する新時代
マーティン・ファクラー

特定メディアへの敵意をむき出しにするトランプ、安倍…権力者とメディアの闘いの最前線と、新メディア乱立でフェイクニュースがあふれる時代のメディアリテラシーをニューヨーク・タイムズ前東京支局長が説く。

本体９２０円＋税

21
書き換えられた明治維新の真実
榊原英資

日本が列強の植民地とならず、急速な近代化を成し得たのは、徳川幕府の功績だった。勝者による歴史解釈・薩長史観を排して、テロとポピュリズムによるクーデターという明治維新の実態に迫る。

本体９２０円＋税

22
「日米基軸」幻想
進藤榮一
白井聡

「米国について行けば、幸せになれる――」。戦後日本人が抱き続けた幻想の正体。アングロサクソン支配の世界構造が激変する中、なぜ、日本は米国に盲従するのか。「日米基軸」という幻想に憑かれたこの国の深層を解き明かす。

本体９２０円＋税

詩想社新書

23

成功する人は、「何か」持っている

野村克也

「素質」でも「運」でもない「何か」が人生を決める。プロテストを受け、なんとかプロ入りを果たした無名選手の著者は、いかに名選手ひしめく球界を這い上がったのか。プロ最下層から夢をつかんだ自身の物語を初めて明かす。

本体920円+税

25

「金融緩和時代」の終焉、世界経済の大転換

榊原英資

水野和夫氏推薦！　世界各国で緩和政策が終焉を迎えるいま、グローバリゼーションの矛盾と近代資本主義の限界に私たちは直面している。ポピュリズムが台頭し、統合から分断へと向かい出した世界のその先を読む。

本体920円+税

26

株式会社化する日本

内田樹
鳩山友紀夫
木村朗

私たちはいつから、株式会社・日本の従業員になったのか。人々に従業員マインドが蔓延し、急速に劣化した政治。成長を追求してきた資本主義は行き詰まり、対米自立の夢は挫折した。平成という特異な時代の実像から戦後日本の深層を読み解く。

本体1000円+税

28

25%の人が政治を私物化する国

植草一秀

25%の「今だけ、金だけ、自分だけ」を行動理念とする人々が国政を私物化し、政治家、財界人、官僚など社会の中枢を担う人々が自己利益の追求に血道を上げている。どうすれば多数の有権者のための政治を取り戻せるか考察する。

本体920円+税